はじめての人でもよく解る！

やさしく学べる **危険物関係の法律**

石原鉄郎

【著】

第一法規

はしがき

　本書「はじめての人でもよく解る！　やさしく学べる危険物関係の法律」は、危険物に関係する企業の新人担当者が、はじめに知っておきたい危険物関連法令の基本事項を網羅した入門書です。法令順守の第一歩は法令を知ることです。知らなければ守れません。知らないでは済まされません。

　「第1章　危険物とは」では、危険物に関係する主な法令・規則や資格者などについて解説しています。

　「第2章　火災・爆発による危害を防止するための法律」では、消防法、危険物の規制に関する政令、火薬類取締法などについて解説しています。

　「第3章　高い圧力による危害を防止する法律」では、高圧ガス保安法とその関係規則である一般高圧ガス保安規則、液化石油ガス保安規則、冷凍保安規則などについて解説しています。

　「第4章　多量の危険物による危害を防止する法律」では、石油コンビナート等災害防止法、石油コンビナート等特別防災区域を指定する政令などについて解説しています。

　「第5章　労働者への危害を防止する法律」では、労働基準法、労働安全衛生法、ボイラー規則などについて解説しています。

　「第6章　その他危険物に関する法律」では、建築基準法、都市計画法、ガス事業法、毒物及び劇物取締法、化審法などについて解説しています。

　本書は、「やさしく学べる」をモットーに、危険物関係法令の基本事項について、法令の原文を記載するとともに、要点を解説しています。また、**原文の太字のキーワードを拾って読むと、法令の概要を把握できる**ようにしています。さらに、キャラクターによるワンポイント解説、章末にチェックリストを設けることにより、初学者でも理解しやすいように工夫いたしました。

　本書を危険物関係法令の入門書としてご活用いただければ幸いです。

石原　鉄郎

※本書の内容現在日：2020 年 7 月 1 日（原則）

i

目　　次

第1章
危険物とは

1 危険物とは

　危険物とは、人や環境に危害を及ぼすおそれのある物をいいます。なお、危害とは危険と損害をいいます。危険物は、文字通り**危険な物**ですので、人の近くに置いたりせず、環境から排除することが望ましいです。

　一方、身近な危険物である灯油やガソリンなどの**燃料**のように、燃えやすいという**危険な性質を有効利用**することも必要なことです。そこで、危険物の性質を理解し、その性質をうまく利用するために様々な**法律が整備**されています。

　危険物という用語は、法律では、消防法に次のように定義されています。

（用語の定義）

第二条　この法律の用語は左の例による。

⑦　**危険物**とは、別表第一の品名欄に掲げる物品で、同表に定める区分に応じ同表の**性質欄に掲げる性状を有するもの**をいう。

　消防法の別表第1の類別と性質欄は次の通りです。

第一類　　**酸化性**固体

第二類　　**可燃性**固体

第三類　　**自然発火性**物質及び**禁水性**物質

第四類　　**引火性**液体

第五類　　**自己反応性**物質

　また、これらの性質の概要は次の通りです。

（1）酸化性

　酸化性とは**酸化しやすい性質**のことをいいます。酸化とは、物質が酸素と化学反応して酸化物を生成することをいいます。一般に、酸化は熱を伴い、

酸化により発生した熱（酸化熱という）により、**火災**などの危険が生じます。

(2) 可燃性

　可燃性とは、**燃えやすい性質**のことをいいます。　物質が燃えることを燃焼といいますが、燃焼とは**急激な酸化**のことをいいます。燃焼すると、**光(炎)と熱が発生**し、**火災**の原因となります。一般的に物質の燃焼性は、燃焼しやすい**可燃性**、燃焼しにくい**難燃性**、燃焼しない**不燃性**に分類されます。

(3) 自然発火性

　自然発火とは、物質が外部からの加熱なしに、酸化や分解などによって**発熱**し、その熱が蓄積されて**自然に火がつく**現象をいいます。自然に発火しやすい性質を**自然発火性**といいます。人為的な加熱や火種なしに発火するので、**取扱いが難しい性質**を有しています。

(4) 禁水性

　禁水性とは、**水との接触**により**発火**や**発熱**、**可燃性ガスの発生**などの危険な状態になるため、水との接触、接近を禁じる必要のある性質をいいます。禁水性物質は、発火し火災になった際に水による消火が困難なため、**消火しにくい性質**を有しています。

(5) 引火性

　引火とは、火や熱などの**点火源**により、可燃性の物質が**燃焼**することをいいます。物質の引火性は物質の温度により異なり、物質の温度が高くなると引火しやすくなります。逆に、物質の温度が低くなると引火しにくくなり、ある温度以下になると引火しなくなります。物質が引火される最低温度を**引火点**といい、物質固有の温度を示します。**引火点が低い**物質は低温でも引火するので、**危険度の高い**物質といえます。

(6) 自己反応性

　自己反応性とは、物質中に**酸素**を有しており、加熱分解などの**自己反応**により**多量の発熱**または**爆発的な反応**をする性質をいいます。加熱、衝撃、摩擦などにより危険な状態になりやすいので、取扱いが難しい性質です。

(7) 消防法の定義以外の危険物

　前項(1)～(6)の危険物は、消防法に定義された火災の危険性のある物質ですが、火災以外の主な危険物は次の通りです。

①　高圧ガス

　高圧ガスとは、大気圧よりも高い圧力を有しているガス（気体）をいい、**爆発**などの危険性を有しているので、**高圧ガス保安法**により定義、規制されています。

②　ボイラー

　ボイラーとは、密閉された容器内で液体を加熱する機器で、**爆発**などの危険を有しているので、労働安全衛生法の関係法規である**ボイラー及び圧力容器安全規則**により定義、規制されています。

③　ガス

　消防法上の危険物は、固体または液体が定義されており、気体は除外されています。燃料に用いられる気体である液化石油ガスなどの**燃料ガス**は、爆発などの危険を有しているので、**ガス事業法**等により規制されています。

④　毒物・劇物

　毒物・劇物とは、人体に対して有毒性のある物質をいい、毒性の強いものが毒物、やや弱いものが劇物です。毒物・劇物は、**毒物及び劇物取締法**に定義、規制されています。

⑤　火薬類

　火薬類は、**爆発**の危険があるため、**火薬類取締法**により定義、規制されています。火薬類とは、火薬類取締法により、**火薬、爆薬**及び**火工品**と定義されています。

図表 1-1　危険物とは

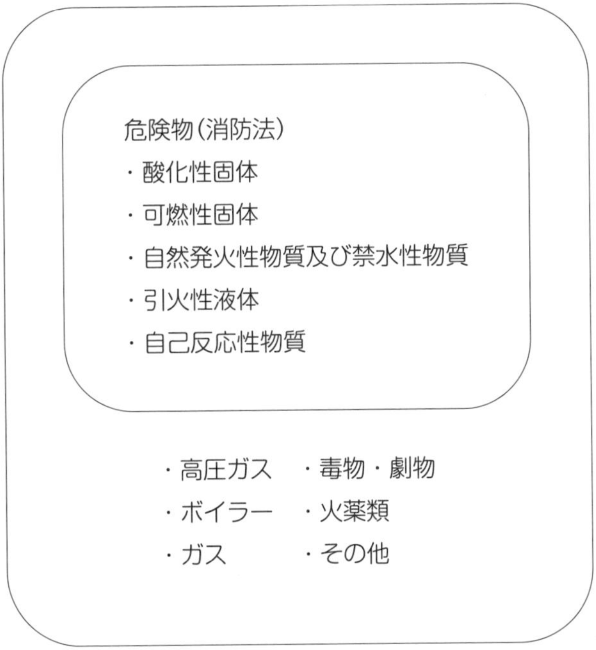

```
┌─────────────────────────────────┐
│  ┌──────────────────────────┐   │
│  │ 危険物（消防法）          │   │
│  │ ・酸化性固体              │   │
│  │ ・可燃性固体              │   │
│  │ ・自然発火性物質及び禁水性物質 │   │
│  │ ・引火性液体              │   │
│  │ ・自己反応性物質          │   │
│  └──────────────────────────┘   │
│        ・高圧ガス　・毒物・劇物   │
│        ・ボイラー　・火薬類       │
│        ・ガス　　　・その他       │
└─────────────────────────────────┘
```

2 危険物に関する主な法律

　法律とは、社会秩序を維持するために強制されるルールで、国会の議決を経て制定されるものをいいます。危険物には、社会秩序を維持するため、様々なルールが定められています。

(1) 危険物に関する主な法律の分類

　危険物に関する主な法律は、次のように分類されます。

〇**火災等**による危害を防止するための法律

　・消防法

　・火薬類取締法

〇**高い圧力**による危害を防止する法律

　・高圧ガス保安法

〇**多量の危険物**による危害を防止する法律

　・石油コンビナート等災害防止法

〇**労働者**への危害を防止する法律

　・労働安全衛生法

〇**その他**危険物に関する法律

　・建築基準法

　・都市計画法

　・ガス事業法

　・毒物及び劇物取締法

　・化学物質の審査及び製造等の規制に関する法律

　・廃棄物の処理及び清掃に関する法律　　等

(2) 危険物に関する主な法律の目的

危険物に関する主な法律の目的は、次の通りです。

①　消防法

消防法の目的は、次の通り定められています。

（この法律の目的）

第一条　この法律は、**火災を予防**し、警戒し及び鎮圧し、国民の生命、身体及び財産を火災から保護するとともに、火災又は地震等の災害による被害を軽減するほか、災害等による傷病者の搬送を適切に行い、もつて安寧秩序を保持し、社会公共の福祉の増進に資することを目的とする。

---

②　火薬類取締法

火薬類取締法の目的は、次の通りです。

（この法律の目的）

第一条　この法律は、火薬類の製造、販売、貯蔵、運搬、消費その他の取扱を規制することにより、**火薬類による災害を防止**し、公共の安全を確保することを目的とする。

---

③　高圧ガス保安法

高圧ガス保安法の目的は、次の通り定められています。

（目的）

第一条　この法律は、**高圧ガスによる災害を防止**するため、高圧ガスの製造、貯蔵、販売、移動その他の取扱及び消費並びに容器の製造及び

取扱を規制するとともに、民間事業者及び高圧ガス保安協会による高圧ガスの保安に関する自主的な活動を促進し、もつて公共の安全を確保することを目的とする。

④ 石油コンビナート等災害防止法

石油コンビナート等災害防止法の目的は、次の通り定められています。

（目的）

第一条　この法律は、**石油コンビナート等特別防災区域**に係る**災害の特殊性**にかんがみ、その災害の防止に関する基本的事項を定めることにより、**消防法**（昭和二十三年法律第百八十六号）、**高圧ガス保安法**（昭和二十六年法律第二百四号）、災害対策基本法（昭和三十六年法律第二百二十三号）その他災害の防止に関する法律と相まって、**石油コンビナート等特別防災区域に係る災害の発生及び拡大の防止**等のための総合的な施策の推進を図り、もつて石油コンビナート等特別防災区域に係る災害から国民の生命、身体及び財産を保護することを目的とする。

石油コンビナートとは、効率的な工業生産を行うために石油精製や化学合成などの事業所が集まった**石油化学工業地帯**をいいます。

⑤ 労働安全衛生法

労働安全衛生法の目的は、次の通り定められています。

（目的）

第一条　この法律は、労働基準法（昭和二十二年法律第四十九号）と相

まつて、**労働災害の防止**のための危害防止基準の確立、責任体制の明確化及び自主的活動の促進の措置を講ずる等その防止に関する総合的計画的な対策を推進することにより**職場における労働者の安全と健康を確保**するとともに、快適な職場環境の形成を促進することを目的とする。

⑥　毒物及び劇物取締法

毒物及び劇物取締法の目的は、次の通り定められています。

（目的）

第一条　この法律は、毒物及び劇物について、**保健衛生上の見地**から**必要な取締**を行うことを目的とする。

⑦　化学物質の審査及び製造等の規制に関する法律

化学物質の審査及び製造等の規制に関する法律の目的は、次のように定められています。

（目的）

第一条　この法律は、**人の健康を損なう**おそれ又は**動植物の生息若しくは生育に支障**を及ぼすおそれがある**化学物質による環境の汚染を防止**するため、新規の化学物質の製造又は輸入に際し事前にその化学物質の性状に関して審査する制度を設けるとともに、その有する性状等に応じ、化学物質の製造、輸入、使用等について必要な規制を行うことを目的とする。

3　危険物に関する主な資格者

　危険物を安全な状態に保つように、一定の資格を有している者を選任し、監督させることが、法律で定められています。危険物に関する主な資格者は次の通りです。

(1) 危険物保安監督者

　危険物保安監督者は、消防法に次のように定められています。

（危険物保安監督者）

第十三条　政令で定める製造所、貯蔵所又は取扱所の所有者、管理者又は占有者は、**甲種危険物取扱者**（甲種危険物取扱者**免状**の交付を受けている者をいう。以下同じ。）又は**乙種危険物取扱者**（乙種危険物取扱者**免状**の交付を受けている者をいう。以下同じ。）で、六月以上危険物取扱いの**実務経験**を有するもののうちから**危険物保安監督者**を定め、総務省令で定めるところにより、その者が取り扱うことができる危険物の取扱作業に関して**保安の監督**をさせなければならない。

　危険物保安監督者は、ボイラーの燃料に使用される重油などの危険物の取扱作業の監督者です。

(2) 火薬類製造保安責任者・火薬類取扱保安責任者

　火薬類製造保安責任者・火薬類取扱保安責任者は、火薬類取締法に次のように定められています。

（保安責任者及び副保安責任者）

第三十条　**製造業者**は、経済産業省令で定めるところにより、次条の**火薬類製造保安責任者免状**を有する者のうちから、**火薬類製造保安責任者**（以下「製造保安責任者」という。）及び**火薬類製造副保安責任者**（以下「製造副保安責任者」という。）又は製造保安責任者を**選任**し、第三十二条第一項又は第二項に規定する製造保安責任者又は製造副保安責任者の**職務**を行わせなければならない。

2　火薬庫の**所有者**若しくは**占有者**又は経済産業省令で定める数量以上の火薬類を**消費する者**は、経済産業省令で定めるところにより、次条の**火薬類取扱保安責任者免状**を有する者のうちから、**火薬類取扱保安責任者**（以下「取扱保安責任者」という。）及び**火薬類取扱副保安責任者**（以下「取扱副保安責任者」という。）又は取扱保安責任者を**選任**し、第三十二条第一項又は第二項に規定する取扱保安責任者又は取扱副保安責任者の**職務**を行わせなければならない。

火薬類の製造者は、火薬類製造保安責任者、火薬類の消費者等は、火薬類取扱保安責任者の選任が必要です。

(3) 高圧ガス製造保安責任者

　高圧ガス製造保安責任者は、高圧ガス保安法に次のように定められています。

（保安統括者、保安技術管理者及び保安係員）

第二十七条の二

3　第一項第一号又は第二号に掲げる者は、事業所ごとに、経済産業省令で定めるところにより、**高圧ガス製造保安責任者免状**（以下「製造保安責任者免状」という。）の交付を受けている者であつて、経済産

業省令で定める高圧ガスの製造に関する経験を有する者のうちから、**高圧ガス製造保安技術管理者**（以下「保安技術管理者」という。）を**選任**し、第三十二条第二項に規定する職務を行わせなければならない。ただし、保安統括者に経済産業省令で定める事業所の区分に従い経済産業省令で定める種類の製造保安責任者免状の交付を受けている者であつて、経済産業省令で定める高圧ガスの製造に関する経験を有する者を選任している場合その他経済産業省令で定める場合は、この限りでない。

（保安統括者等の職務等）

第三十二条　保安統括者は、高圧ガスの製造に係る保安に関する業務を統括管理する。

2　保安技術管理者は、保安統括者を補佐して、**高圧ガスの製造に係る保安に関する技術的な事項を管理**する。

一定条件の高圧ガス製造者は、高圧ガス製造の保安に関する技術的管理をさせるため、高圧ガス製造保安責任者の免状を有している者を、保安技術管理者として選任しなければなりません。

（4）ボイラー取扱作業主任者

ボイラーとは、内部が加圧状態の容器（圧力容器）内で水を加熱する装置をいいます。ボイラーはビルの暖房や給湯などに使用されます。

ボイラー取扱作業主任者は、労働安全衛生法の関係規則であるボイラー及び圧力容器安全規則に、次のように定められています。

（ボイラー取扱作業主任者の選任）

第二十四条　事業者は、令第六条第四号の作業については、次の各号に掲げる作業の区分に応じ、当該各号に掲げる者（**ボイラー技士**等）の

うちから、**ボイラー取扱作業主任者を選任**しなければならない。

また、ボイラー取扱作業主任者の職務は、次のように定められています。

（ボイラー取扱作業主任者の職務）

第二十五条　事業者は、ボイラー取扱作業主任者に次の事項を行わせなければならない。

一　圧力、水位及び燃焼状態を**監視**すること。

二　急激な**負荷の変動を与えない**ように努めること。

三　最高使用圧力をこえて**圧力を上昇させない**こと。

四　**安全弁の機能の保持**に努めること。

五　一日に一回以上水面測定装置の機能を**点検**すること。

六　適宜、吹出しを行ない、ボイラー水の**濃縮を防ぐ**こと。

七　**給水装置の機能の保持**に努めること。

八　低水位燃焼しや断装置、火炎検出装置その他の自動制御装置を**点検**し、及び**調整**すること。

九　ボイラーについて異状を認めたときは、直ちに必要な**措置**を講じること。

十　排出されるばい煙の測定濃度及びボイラー取扱い中における異常の有無を**記録**すること。

ボイラー取扱作業主任者は、ボイラーの監視、点検、調整、措置などのボイラーの取扱作業を行います。

(5) ガス主任技術者

　　ガス主任技術者は、ガス事業法に次のように定められています。

（ガス主任技術者）

第二十五条　**ガス小売事業者**は、経済産業省令で定めるところにより、**ガス主任技術者**免状の交付を受けている者であつて、経済産業省令で定める実務の経験を有するもののうちから、ガス主任技術者を**選任**し、ガス小売事業の用に供する**ガス工作物の工事、維持及び運用に関する保安の監督**をさせなければならない。

（ガス主任技術者）

第六十五条　**一般ガス導管事業者**は、経済産業省令で定めるところにより、**ガス主任技術者**免状の交付を受けている者であつて、経済産業省令で定める実務の経験を有するもののうちから、ガス主任技術者を**選任**し、一般ガス導管事業の用に供する**ガス工作物の工事、維持及び運用に関する保安の監督**をさせなければならない。

（ガス主任技術者）

第九十八条　**ガス製造事業者**は、経済産業省令で定めるところにより、**ガス主任技術者**免状の交付を受けている者であつて、経済産業省令で定める実務の経験を有するもののうちから、ガス主任技術者を**選任**し、ガス製造事業の用に供する**ガス工作物の工事、維持及び運用に関する保安の監督**をさせなければならない。

　　ガス小売事業、一般ガス導管事業、ガス製造事業については、ガス事業法に次のように定められています。

（定義）

第二条

2　この法律において「**ガス小売事業**」とは、**小売供給を行う事業**（一

般ガス導管事業、特定ガス導管事業及びガス製造事業に該当する部分を除く。）をいう。

5　この法律において「**一般ガス導管事業**」とは、自らが維持し、及び運用する**導管によりその供給区域において託送供給を行う事業**（ガス製造事業に該当する部分及び経済産業省令で定める要件に該当する導管により供給するものを除く。）をいい、当該導管によりその供給区域における一般の需要（ガス小売事業者から小売供給を受けているものを除く。）に応ずるガスの供給を保障するための小売供給（以下「最終保障供給」という。）を行う事業（ガス製造事業に該当する部分を除く。）を含むものとする。

9　この法律において「**ガス製造事業**」とは、自らが維持し、及び運用する液化ガス貯蔵設備等を用いて**ガスを製造する事業**であつて、その事業の用に供する液化ガス貯蔵設備が経済産業省令で定める要件に該当するものをいう。

ガスを製造する事業、ガスを導管で供給する事業、ガスを小売りする事業ともに、ガス主任技術者を選任する必要があります。

(6) 公害防止管理者

　公害防止管理者は、特定工場における公害防止組織の整備に関する法律に次のように定められています。

（公害防止管理者の選任）

第四条　特定事業者は、主務省令で定めるところにより、特定工場において次に掲げる業務を管理する者（以下「**公害防止管理者**」という。）を**選任**しなければならない。この場合において、第二条第一号又は第

二号の特定工場にあつては、政令で定めるばい煙発生施設又は汚水等
排出施設の区分ごとに、それぞれ公害防止管理者を選任しなければな
らない。

2　公害防止管理者は、政令で定めるところにより、第七条第一項第一
号の**資格を有する者のうちから選任**しなければならない。

公害防止管理者の資格については、特定工場における公害防止組織の整備
に関する法律に次のように定められています。

（公害防止管理者等の資格）

第七条　公害防止管理者及び公害防止主任管理者並びにこれらの代理者
の資格は、次に掲げるとおりとする。

一　公害防止管理者及びその代理者　政令で定める区分ごとに行なう
公害防止管理者試験に合格した者その他当該区分ごとに政令で定め
る資格を有する者

特定工場における公害防止組織の整備に関する法
律は、公害防止管理者等の制度を設けて公害防止
組織の整備を図ることにより、公害の防止を目的
としています。

（7）毒物劇物取扱責任者

毒物劇物取扱責任者は、毒物及び劇物取締法に次のように定められていま
す。

（毒物劇物取扱責任者）

第七条　**毒物劇物営業者**は、毒物又は劇物を直接に取り扱う製造所、営

業所又は店舗ごとに、**専任**の**毒物劇物取扱責任者**を置き、毒物又は劇物による**保健衛生上の危害の防止**に当たらせなければならない。ただし、自ら毒物劇物取扱責任者として毒物又は劇物による保健衛生上の危害の防止に当たる製造所、営業所又は店舗については、この限りでない。

　毒物劇物取扱責任者の資格については、毒物及び劇物取締法に次のように定められています。

（毒物劇物取扱責任者の資格）

第八条　次の各号に掲げる者でなければ、前条の毒物劇物取扱責任者となることができない。

一　**薬剤師**

二　厚生労働省令で定める学校で、**応用化学に関する学課を修了**した者

三　都道府県知事が行う**毒物劇物取扱者試験に合格した者**

毒物劇物営業者とは、毒物または劇物の**製造業者**、**輸入業者**または**販売業者**をいいます。

☐ 危険物という用語は、法律では、消防法に定義されている。

☐ 消防法の危険物の類別は、第一類が酸化性固体、第二類が可燃性固体、第三類が自然発火性物質及び禁水性物質、第四類が引火性液体、第五類が自己反応性物質となっている。

☐ 高圧ガスは、大気圧よりも高い圧力を有しているガス（気体）をいい、高圧ガス保安法により定義、規制されている。

☐ ボイラーは、密閉された容器内で液体を加熱する機器で、ボイラー及び圧力容器安全規則により定義、規制されている。

☐ 液化石油ガスなどの燃料ガスは、ガス事業法により規制されている。

☐ 毒物・劇物は、毒物及び劇物取締法に定義、規制されている。

☐ 火薬類は、火薬類取締法により定義、規制されている。

☐ 火災等による危害を防止するための法律：消防法、火薬類取締法

☐ 高い圧力による危害を防止する法律：高圧ガス保安法

☐ 多量の危険物による危害を防止する法律：石油コンビナート等災害防止法

☐ 労働者への危害を防止する法律：労働安全衛生法

☐ その他危険物に関する法律：建築基準法、都市計画法、ガス事業法、毒物及び劇物取締法

☐ 危険物保安監督者は、ボイラーの燃料に使用される重油などの危険物の取扱作業の監督者である。

☐ 火薬類の製造者は、火薬類製造保安責任者の選任が必要である。

☐ 火薬類の消費者等は、火薬類取扱保安責任者の選任が必要である。

☐ 一定条件の高圧ガス製造者は、高圧ガス製造保安責任者の免状を有している者を、保安管理技術者として選任しなければならない。

☐ ボイラー取扱作業主任者は、ボイラーの監視、点検、調整、措置などのボイラーの取扱い作業を行う。

☐ ガスを製造する事業、ガスを導管で供給する事業、ガスを小売りする事業ともに、ガス主任技術者を選任する必要がある。

☐ 毒物劇物営業者は、毒物または劇物を直接に取り扱う製造所、営業所または店舗ごとに、専任の毒物劇物取扱責任者を置かなければならない。

第2章

火災・爆発による危害を
防止するための法律

1 消防法

(1) 目的

消防法の目的は、次のように定められています。

> （この法律の目的）
> 第一条　この法律は、**火災を予防し、警戒し及び鎮圧**し、国民の生命、身体及び財産を火災から保護するとともに、火災又は地震等の災害による被害を軽減するほか、災害等による傷病者の搬送を適切に行い、もつて安寧秩序を保持し、社会公共の福祉の増進に資することを目的とする。

(2) 用語

消防法に関する用語は、第2条で次のように定められています。

①防火対象物

山林または**舟車**、**船きょ**もしくはふ頭に繋留された**船舶**、**建築物**その他の**工作物**もしくはこれらに属する物をいいます。

②消防対象物

山林または**舟車**、**船きょ**もしくはふ頭に繋留された**船舶**、**建築物**その他の**工作物**または**物件**をいいます。

③関係者

防火対象物または消防対象物の**所有者**、**管理者**または**占有者**をいいます。

④関係のある場所

防火対象物または**消防対象物のある場所**をいいます。

⑤舟車

　舟車とは、船体や排水設備といった船舶安全法第2条第1項の規定を**適用しない船舶、端舟、はしけ、被曳船**その他の**舟**及び**車両**をいいます。

⑥危険物

　危険物とは、塩素酸塩類や過塩素酸塩類等、消防法別表第1の品名欄に掲げる**物品**で、同表に定める区分に応じ同表の**性質欄に掲げる性状を有するもの**をいいます。

⑦消防隊

　消防器具を装備した**消防吏員**もしくは**消防団員**の一隊または消防組織法の規定による都道府県の**航空消防隊**をいいます。

⑧救急業務

　災害による事故等によって、医療機関その他の場所へ緊急に搬送する必要がある者を、**救急隊**によって、**医療機関**（厚生労働省令で定める医療機関）その他の場所に**搬送**すること（傷病者が医師の管理下に置かれるまでの間において、緊急やむを得ないものとして、**応急の手当**を行うことを含む）をいいます。

消防法上の危険物に関する事項は、第1章で解説しています。

（3）危険物

　危険物については、「第3章　危険物」として消防法第10条～第16条の9に規定されています。消防法に規定されている危険物に関する主な事

項は、次の通りです。

① 危険物の貯蔵、取扱い

（危険物の貯蔵及び取扱いの制限等）

第十条　**指定数量以上の危険物**は、**貯蔵所**（車両に固定されたタンクにおいて危険物を貯蔵し、又は取り扱う貯蔵所（以下「移動タンク貯蔵所」という。）を含む。以下同じ。）**以外の場所でこれを貯蔵**し、又は**製造所、貯蔵所及び取扱所以外の場所でこれを取り扱つてはならない。** ただし、所轄消防長又は消防署長の承認を受けて指定数量以上の危険物を、十日以内の期間、仮に貯蔵し、又は取り扱う場合は、この限りでない。

② 　別表第一に掲げる品名（第十一条の四第一項において単に「品名」という。）又は指定数量を異にする二以上の危険物を同一の場所で貯蔵し、又は取り扱う場合において、当該貯蔵又は取扱いに係るそれぞれの危険物の数量を当該危険物の指定数量で除し、その商の和が一以上となるときは、当該場所は、指定数量以上の危険物を貯蔵し、又は取り扱つているものとみなす。

③ 　**製造所、貯蔵所又は取扱所**においてする**危険物の貯蔵又は取扱**は、政令で定める技術上の基準に従つてこれをしなければならない。

④ 　**製造所、貯蔵所及び取扱所**の位置、構造及び設備の**技術上の基準**は、政令でこれを定める。

指定数量以上の危険物の貯蔵、取扱いは、貯蔵所、取扱所などで技術上の基準に従って行わなければなりません。

また、製造所、貯蔵所、取扱所の概要は、次の通りです。

図表 2-1　製造所、貯蔵所、取扱所の概要

区　　分		内　　容
製　造　所		危険物を製造する施設（例：化学プラント、製油所）
貯　蔵　所	屋内貯蔵所	危険物を建築物内で貯蔵
	屋外タンク貯蔵所	屋外にあるタンクで危険物を貯蔵（例：石油タンク）
	屋内タンク貯蔵所	屋内にあるタンクで危険物を貯蔵
	地下タンク貯蔵所	地盤面下にあるタンクで危険物を貯蔵
	簡易タンク貯蔵所	600L 以下の小規模なタンクで危険物を貯蔵
	移動タンク貯蔵所	車両に固定されたタンクで危険物を貯蔵（例：タンクローリー）
	屋外貯蔵所	屋外の場所で一定の危険物を容器等で貯蔵
取　扱　所	給油取扱所	自動車等に給油する取扱所（例：ガソリンスタンド）
	販売取扱所	容器に入ったまま危険物を売る販売店
	移送取扱所	配管で危険物を移送する取扱所（例：パイプライン）
	一般取扱所	上記 3 つの取扱所以外の取扱所（例：ボイラー、自家発電施設）

出典：総務省ウェブサイト「平成 30 年版 消防白書」（https://www.fdma.go.jp/publication/hakusho/h30/chapter1/section2/para2/38326.html）

②　貯蔵所、取扱所の設置許可

（危険物施設の設置、変更等）

第十一条 **製造所、貯蔵所又は取扱所を設置しようとする者**は、政令で定めるところにより、製造所、貯蔵所又は取扱所ごとに、次の各号に掲げる製造所、貯蔵所又は取扱所の区分に応じ、当該各号に定める者の**許可を受けなければならない**。製造所、貯蔵所又は取扱所の位置、構造又は設備を**変更**しようとする者も、同様とする。

一 **消防本部及び消防署を置く市町村**（次号及び第三号において「消防本部等所在市町村」という。）の区域に設置される製造所、貯蔵所又は取扱所（配管によつて危険物の移送の取扱いを行うもので政令で定めるもの（以下「移送取扱所」という。）を除く。）　当該**市町村長**

二 　消防本部等所在市町村以外の市町村の区域に設置される製造所、貯蔵所又は取扱所（移送取扱所を除く。）　当該区域を管轄する**都道府県知事**

三 　一の消防本部等所在市町村の区域のみに設置される移送取扱所　当該**市町村長**

四 　前号の移送取扱所以外の移送取扱所　当該移送取扱所が設置される区域を管轄する**都道府県知事**（二以上の都道府県の区域にわたつて設置されるものについては、**総務大臣**）

⑤ 　第一項の規定による許可を受けた者は、製造所、貯蔵所若しくは取扱所を設置したとき又は製造所、貯蔵所若しくは取扱所の位置、構造若しくは設備を変更したときは、当該製造所、貯蔵所又は取扱所につき市町村長等が行う**完成検査を受け**、これらが前条第四項の**技術上の基準に適合していると認められた後**でなければ、これを**使用してはならない**。ただし、製造所、貯蔵所又は取扱所の位置、構造又は設備を変更する場合において、当該製造所、貯蔵所又は取扱所のうち当該変更の工事に係る部分以外の部分の全部又は一部について市町村長等の承認を受けたときは、完成検査を受ける前においても、仮に、当該承認を受けた部分を使用することができる。

⑥ 　製造所、貯蔵所又は取扱所の譲渡又は引渡があつたときは、**譲受人**

又は**引渡を受けた者**は、第一項の規定による許可を受けた者の地位を承継する。この場合において、同項の規定による**許可を受けた者の地位を承継した者**は、遅滞なくその旨を**市町村長等に届け出**なければならない。

危険物の貯蔵所、取扱所等を設置または変更しようとする者は、市町村長等の許可と完成検査を受けなければなりません。

③　危険物の品名、数量の変更

（貯蔵又は取扱う危険物の品名、数量又は指定数量の倍数変更の届出）
第十一条の四　製造所、貯蔵所又は取扱所の位置、構造又は設備を変更しないで、当該製造所、貯蔵所又は取扱所において**貯蔵**し、又は**取り扱う危険物の品名、数量又は指定数量の倍数**（当該製造所、貯蔵所又は取扱所において貯蔵し、又は取り扱う危険物の数量を当該危険物の指定数量で除して得た値（品名又は指定数量を異にする二以上の危険物を貯蔵し、又は取り扱う場合には、当該貯蔵又は取扱いに係るそれぞれの危険物の数量を当該危険物の指定数量で除して得た値の和）をいう。）を**変更**しようとする者は、変更しようとする日の**十日前**までに、その旨を**市町村長等に届け出**なければならない。

貯蔵、取り扱う危険物の品名、数量を変更するときは、市町村長に届け出なければなりません。

④　貯蔵、取扱いに対する技術基準適合命令

（貯蔵又は取扱いに関する命令）

第十一条の五　**市町村長等**は、製造所、貯蔵所（移動タンク貯蔵所を除く。）又は取扱所においてする**危険物の貯蔵又は取扱い**が第十条第三項の規定に**違反していると認めるとき**は、当該製造所、貯蔵所又は取扱所の**所有者、管理者又は占有者**に対し、同項の**技術上の基準**に従つて危険物を**貯蔵し、又は取り扱うべきことを命ずる**ことができる。

市町村長等は、所有者等に対し、技術上の基準に従って危険物を貯蔵、取り扱うよう、命ずることができます。

⑤　位置、構造、設備に対する技術基準適合

（危険物施設の維持、管理）

第十二条　製造所、貯蔵所又は取扱所の**所有者、管理者又は占有者**は、**製造所、貯蔵所又は取扱所の位置、構造及び設備**が第十条第四項の**技術上の基準に適合するように維持**しなければならない。

②　**市町村長等**は、**製造所、貯蔵所又は取扱所の位置、構造及び設備**が第十条第四項の技術上の基準に**適合していないと認めるとき**は、製造所、貯蔵所又は取扱所の**所有者、管理者又は占有者で権原を有する者**に対し、同項の**技術上の基準に適合**するように、これらを**修理し、改造し、又は移転**すべきことを**命ずることができる**。

市町村長等は、貯蔵所、取扱所等の所有者等に対し、位置、構造、設備が技術上の基準に適合するよう、命ずることができます。

⑥　許可取消し、使用停止、使用制限

（許可の取り消し及び使用の停止）

第十二条の二　**市町村長等**は、製造所、貯蔵所又は取扱所の**所有者、管理者又は占有者**が次の各号の一に該当するときは、当該製造所、貯蔵所又は取扱所について、第十一条第一項の**許可を取り消し**、又は期間を定めてその**使用の停止を命ずる**ことができる。

一　第十一条第一項後段の規定による**許可を受けない**で、製造所、貯蔵所又は取扱所の位置、構造又は設備を変更したとき。

二　第十一条第五項の規定に**違反**して、製造所、貯蔵所又は取扱所を使用したとき。

三　前条第二項の規定による命令に**違反**したとき。

四　第十四条の三第一項又は第二項の規定に**違反**したとき。

五　第十四条の三の二の規定に**違反**したとき。

第十二条の三　**市町村長等**は、公共の安全の維持又は災害の発生の防止のため**緊急の必要がある**と認めるときは、製造所、貯蔵所又は取扱所の**所有者、管理者又は占有者**に対し、当該製造所、貯蔵所若しくは取扱所の**使用を一時停止**すべきことを命じ、又はその**使用を制限**することができる。

市町村長等は、所有者等に対し、違反による許可取消し・使用停止、緊急時の使用制限を命ずることができます。

⑦ 移送取扱所において必要な措置、応急措置

（関係市町村長の要請等）

第十二条の四　**関係市町村長**は、第十一条第一項第四号の規定による都道府県知事又は総務大臣（以下この条において「知事等」という。）の許可に係る**移送取扱所**の設置若しくは維持又は当該移送取扱所における危険物の取扱いに関し**災害が発生するおそれがある**と認めるときは、当該**知事等に対し、必要な措置を講ずべきことを要請**することができる。

②　**知事等**は、前項の要請があつたときは、必要な調査を行い、その結果必要があると認めるときは、第十一条の五第一項、第十二条第二項又は前条第一項の規定による措置その他**必要な措置を講じなければならない。**

③　**知事等**は、前項の**措置を講じたとき**は、速やかに、その旨を関係市町村長に通知しなければならない。

（応急措置についての関係市町村長との事前協議）

第十二条の五　政令で定める**移送取扱所の所有者、管理者又は占有者**は、当該取扱所について**危険物の流出**その他の**事故が発生**し、**危険な状態**となつた場合において講ずべき**応急の措置**について、あらかじめ、**関係市町村長と協議**しておかなければならない。

移送取扱所とは、配管やポンプによって危険物を移送する施設、いわゆるパイプラインのことです。

⑧　廃止の届出

（廃止の届出）

第十二条の六　製造所、貯蔵所又は取扱所の所有者、管理者又は占有者は、当該製造所、貯蔵所又は取扱所の用途を**廃止**したときは、遅滞なくその旨を**市町村長等に届け出**なければならない。

⑨　危険物保安統括管理者、危険物保安監督者等

危険物保安統括管理者については、第 12 条の 7 に規定されています。

（危険物保安統括管理者）

第十二条の七　同一事業所において政令で定める製造所、貯蔵所又は取扱所を所有し、管理し、又は占有する者で、**政令で定める数量以上の危険物**を貯蔵し、又は取り扱うものは、政令で定めるところにより、**危険物保安統括管理者**を定め、当該事業所における危険物の保安に関する業務を**統括管理**させなければならない。

②　製造所、貯蔵所又は取扱所を所有し、管理し、又は占有する者は、前項の規定により**危険物保安統括管理者を定めた**ときは、遅滞なくその旨を**市町村長等に届け出**なければならない。これを**解任**したときも、同様とする。

危険物保安監督者については、第 13 条に規定されています。

（危険物保安監督者）

第十三条　政令で定める製造所、貯蔵所又は取扱所の所有者、管理者又
　　は占有者は、甲種危険物取扱者（**甲種危険物取扱者免状の交付を受け
　　ている者**をいう。以下同じ。）又は乙種危険物取扱者（**乙種危険物取
　　扱者免状の交付を受けている者**をいう。以下同じ。）で、六月以上危
　　険物取扱いの**実務経験を有するもの**のうちから**危険物保安監督者**を定
　　め、総務省令で定めるところにより、その者が取り扱うことができる
　　危険物の取扱作業に関して**保安の監督**をさせなければならない。

②　製造所、貯蔵所又は取扱所の所有者、管理者又は占有者は、前項の
　　規定により**危険物保安監督者を定めたとき**は、遅滞なくその旨を**市町
　　村長等に届け出**なければならない。これを**解任**したときも、同様とす
　　る。

③　製造所、貯蔵所及び取扱所においては、危険物取扱者（**危険物取扱
　　者免状の交付を受けている者**をいう。以下同じ。）**以外**の者は、**甲種
　　危険物取扱者又は乙種危険物取扱者が立ち会わなければ**、危険物を**取
　　り扱つてはならない。**

　危険物の取扱作業の保安に関する講習については、第 13 条の 23 に規定
されています。

（危険物の取扱作業の保安に関する講習）

第十三条の二十三　製造所、貯蔵所又は取扱所において危険物の**取扱作
　　業に従事する危険物取扱者**は、総務省令で定めるところにより、**都道
　　府県知事**（総務大臣が指定する市町村長その他の機関を含む。）が行
　　なう危険物の取扱作業の保安に関する**講習**を受けなければならない。

保安業務については第 14 条に規定されています。

（保安業務）

第十四条　政令で定める製造所、貯蔵所又は取扱所の所有者、管理者又は占有者は、**危険物施設保安員**を定め、総務省令で定めるところにより、当該製造所、貯蔵所又は取扱所の構造及び設備に係る保安のための業務を行わせなければならない。

危険物取扱者免状の交付を受けていない者は、危険物取扱者の立合いなしに、危険物を取り扱うことはできません。

図表 2-2　危険物保安体制の例

危険物保安統括管理者
（危険物の保安に関する業務を統括管理）

各危険物施設

危険物保安監督者
（施設ごとに選任）

危険物施設保安員
（施設ごとに選任）

危険物保安統括管理者、危険物保安監督者、危険物施設保安員のうち、危険物取扱者免状と実務経験が必要なのは、危険物保安監督者です。

⑩ 予防規程

（予防規程）

第十四条の二　政令で定める製造所、貯蔵所又は取扱所の所有者、管理者又は占有者は、当該製造所、貯蔵所又は取扱所の火災を予防するため、総務省令で定める事項について**予防規程**を定め、**市町村長等の認可**を受けなければならない。これを**変更**するときも、同様とする。

②　市町村長等は、予防規程が、第十条第三項の**技術上の基準に適合していない**ときその他火災の予防のために**適当でない**と認めるときは、前項の**認可をしてはならない**。

③　市町村長等は、火災の予防のため必要があるときは、**予防規程の変更を命ずる**ことができる。

④　第一項に規定する製造所、貯蔵所又は取扱所の所有者、管理者又は占有者及びその従業者は、**予防規程を守らなければならない**。

所有者等は、予防規程を定めて市町村長等の認可を受け、予防規程を順守する必要があります。

⑪　保安検査と定期点検

（保安検査及びその審査の委託）

第十四条の三　政令で定める**屋外タンク貯蔵所**又は**移送取扱所**の所有者、管理者又は占有者は、**政令で定める時期**ごとに、当該屋外タンク貯蔵所又は移送取扱所に係る**構造及び設備**に関する事項で政令で定めるものが第十条第四項の**技術上の基準**に従つて維持されているかどうかについて、**市町村長等**が行う**保安に関する検査**を受けなければならない。

②　政令で定める**屋外タンク貯蔵所**の所有者、管理者又は占有者は、当該屋外タンク貯蔵所について、**不等沈下**その他の政令で定める**事由が生じた場合**には、当該屋外タンク貯蔵所に係る構造及び設備に関する事項で政令で定めるものが第十条第四項の技術上の基準に従つて維持されているかどうかについて、**市町村長等**が行う**保安に関する検査**を受けなければならない。

（定期点検及び点検記録の作成）

第十四条の三の二　政令で定める**製造所、貯蔵所又は取扱所**の所有者、管理者又は占有者は、これらの製造所、貯蔵所又は取扱所について、総務省令で定めるところにより、**定期に点検**し、その**点検記録**を作成し、これを保存しなければならない。

政令で定める屋外タンク貯蔵所等は、市町村長等の保安検査を受ける必要があります。
また、政令で定める貯蔵所等は定期点検を実施する必要があります。

⑫　自衛消防組織

（自衛消防組織の設置義務）

第十四条の四　同一事業所において政令で定める製造所、貯蔵所又は取扱所を所有し、管理し、又は占有する者で政令で定める数量以上の危険物を貯蔵し、又は取り扱うものは、政令で定めるところにより、当該事業所に**自衛消防組織を置かなければならない。**

⑬　危険物の運搬、移送

（危険物の運搬）

第十六条　危険物の**運搬**は、その**容器、積載方法及び運搬方法**について政令で定める**技術上の基準**に従つてこれをしなければならない。

（危険物の移送）

第十六条の二　**移動タンク貯蔵所**による危険物の**移送**は、当該危険物を取り扱うことができる**危険物取扱者を乗車**させてこれをしなければならない。

②　前項の危険物取扱者は、移動タンク貯蔵所による危険物の移送に関し**政令で定める基準を遵守**し、かつ、当該危険物の保安の確保について細心の注意を払わなければならない。

③　危険物取扱者は、第一項の規定により危険物の移送をする移動タンク貯蔵所に乗車しているときは、**危険物取扱者免状を携帯**していなければならない。

トラック等の運搬容器によって危険物を運ぶことを「運搬」、移動タンク貯蔵所（タンクローリー）によって危険物を運ぶことを「移送」といいます。

⑭　応急措置

（危険物施設についての応急措置及びその通報並びに措置命令）

第十六条の三　製造所、貯蔵所又は取扱所の**所有者、管理者又は占有者**は、当該製造所、貯蔵所又は取扱所について、**危険物の流出その他の事故が発生したとき**は、**直ちに**、引き続く危険物の流出及び拡散の防止、流出した危険物の除去その他**災害の発生の防止のための応急の措置**を講じなければならない。

②　前項の事態を**発見した者**は、**直ちに**、その旨を**消防署、市町村長の指定した場所、警察署又は海上警備救難機関**に**通報**しなければならない。

③　**市町村長等**は、製造所、貯蔵所（移動タンク貯蔵所を除く。）又は取扱所の所有者、管理者又は占有者が第一項の応急の措置を講じていないと認めるときは、これらの者に対し、同項の**応急の措置を講ずべきことを命ずる**ことができる。

危険物の流出等の事故を発見した者にも、通報義務が規定されています。

⑮ 事故原因の調査

> （事故原因の調査）
>
> 第十六条の三の二　**市町村長等**は、製造所、貯蔵所又は取扱所において発生した**危険物の流出その他の事故**（火災を除く。以下この条において同じ。）であつて**火災が発生するおそれのあつたもの**について、当該**事故の原因を調査**することができる。

⑯ 立入検査

> （質問、検査等）
>
> 第十六条の五　**市町村長等**は、第十六条の三の二第一項及び第二項に定めるもののほか、危険物の貯蔵又は取扱いに伴う**火災の防止のため必要がある**と認めるときは、指定数量以上の危険物を貯蔵し、若しくは取り扱つていると認められるすべての場所（以下この項において「貯蔵所等」という。）の所有者、管理者若しくは占有者に対して**資料の提出**を命じ、若しくは**報告**を求め、又は当該消防事務に従事する職員に、貯蔵所等に**立ち入り**、これらの場所の位置、構造若しくは設備及び危険物の貯蔵若しくは取扱いについて**検査**させ、関係のある者に**質問**させ、若しくは**試験**のため必要な最少限度の数量に限り危険物若しくは危険物であることの疑いのある物を**収去**させることができる。

「収去」とは、一定の場所から取り去ることをいいます。

⑰　消防吏員、警察官による移動タンク貯蔵所の停止

第十六条の五

② **消防吏員又は警察官**は、危険物の移送に伴う**火災の防止のため特に必要がある**と認める場合には、走行中の**移動タンク貯蔵所を停止**させ、当該移動タンク貯蔵所に乗車している危険物取扱者に対し、**危険物取扱者免状の提示を求める**ことができる。この場合において、消防吏員及び警察官がその職務を行なうに際しては、互いに密接な連絡をとるものとする。

消防吏員とは、消防職員のうち、階級を有し消火・予防・救急・救助に当たる者をいいます。

⑱　無許可者に対する措置

（災害防止のための措置命令）

第十六条の六　**市町村長等**は、第十条第一項ただし書の承認又は第十一条第一項前段の規定による**許可を受けないで指定数量以上の危険物を貯蔵し、又は取り扱つている者**に対して、当該貯蔵又は取扱いに係る**危険物の除去**その他危険物による**災害防止のための必要な措置**をとるべきことを命ずることができる。

許可を受けずに危険物を貯蔵、取り扱っている者に対して、市町村長等は、危険物の除去等の措置を命じることができます。

⑲　総務大臣の指示

（緊急時における総務大臣の指示）

第十六条の八の二　**総務大臣**は、公共の安全の維持又は災害の発生の防止のため**緊急の必要がある**と認めるときは、政令で定めるところにより、**都道府県知事又は市町村長に対し**、この章又は前条の規定に基づく政令の規定により都道府県知事又は市町村長が行うこととされる事務のうち政令で定めるものの**処理について指示**することができる。

⑳　適用除外

（航空機等に対する不適用）

第十六条の九　この章の規定は、**航空機、船舶、鉄道又は軌道**による危険物の貯蔵、取扱い又は運搬には、これを適用しない。

航空機、船舶、鉄道または軌道による危険物の貯蔵、取扱いまたは運搬については、それぞれ個別の法律で規制されています。

2　危険物の規制に関する政令

危険物の規制に関する政令は、消防法の規定に基づき制定された政令で、**製造所等の許可や製造所等の位置、構造及び設備の基準**等について規定されています。危険物の規制に関する政令の目次は次の通りです。

「第一章　総則」では、**品名の指定、貯蔵所の区分、取扱所の区分**、タンクの容積の算定方法などが規定されています。

「第二章　**製造所等の許可**等」では、設置の許可の申請、変更の許可の申請、危険物の移送の取扱いを行う取扱所の指定、許可等の通報を必要とする製造所等の指定、市町村長等の都道府県公安委員会等への許可等の通報、完成検査の手続、完成検査前検査、危険物保安技術協会への委託、市町村長との協議を要する移送取扱所の指定、保安に関する検査、定期に点検をしなければならない製造所等の指定などが規定されています。

「第三章　**製造所等の位置、構造及び設備の基準**」では、製造所、貯蔵所、取扱所の位置、構造及び設備の基準、消火設備、警報設備及び避難設備の基準などが規定されています。

「第四章　**貯蔵及び取扱の基準**」では、貯蔵の基準、取扱いの基準などが規定されています。

「第五章　**運搬及び移送の基準**」では、運搬容器、積載方法、運搬方法、移送の基準が規定されています。

「第五章の二　**危険物保安統括管理者**」では、危険物保安統括管理者を定めなければならない事業所等が規定されています。

「第六章　**危険物保安監督者、危険物取扱者及び危険物取扱者免状**」では、危険物保安監督者及び危険物取扱者の責務、危険物保安監督者を定めなければならない製造所等、免状の交付の申請、免状の記載事項、免状の書換え、免状の再交付、総務省令への委任が規定されています。

「第七章　**危険物施設保安員**」では、危険物施設保安員を定めなければならない製造所の指定について規定されています。

「第八章　**予防規程**」では、予防規程を定めなければならない製造所等の指定について規定されています。

「第九章　**自衛消防組織**」では、自衛消防組織を置かなければならない事業所、第自衛消防組織の編成が規定されています。

「第十章　**映写室の構造及び設備の基準**」では、映写室の基準が規定されています。

　「第十一章　**緊急時の指示**」では、緊急時の指示の手続、緊急時の指示の対象となる事務が規定されています。

　「第十二章　**雑則**」では、手数料、第一類の危険物等の特例、行政庁の変更に伴う特例、危険物保安技術協会の検査員の資格、総務省令への委任が規定されています。

3 危険物の規制に関する規則

危険物の規制に関する規則は、消防法及び危険物の規制に関する政令の規定に基づき制定された規則で、**製造所等の許可及び完成検査の申請や製造所等の位置、構造及び設備の基準**等が規定されています。危険物の規制に関する規則の目次は次の通りです。

　「第一章　**総則**」では、用語の**定義**、**危険物の品名**、品名から除外されるもの、複数性状物品の属する品名、圧縮アセチレンガス等の貯蔵又は取扱いの届出書、**タンクの内容積の計算方法**、**タンクの空間容積の計算方法**が規定

されています。

「第二章　**製造所等の許可及び完成検査の申請**等」では、製造所等の許可及び完成検査の申請に関する事項が規定されています。

第三章から第六章は、**製造所等の位置、構造及び設備、消火設備、警報設備及び避難設備、貯蔵及び取扱い、運搬及び移送の基準**について規定されています。

第六章の二から第八章は、**危険物保安統括管理者、危険物保安監督者及び危険物取扱者、危険物施設保安員**に関する事項が規定されています。

「第九章　**予防規程**」では、予防規程に定めなければならない事項、予防規程を定めなければならない製造所等から除かれるもの、予防規程の認可の申請が規定されています。

「第九章の二　**保安に関する検査**等」では、保安に関する検査を受けなければならない時期の特例事由、保安のための措置、保安のための措置を講じている場合の市町村長等が定める期間等、特殊の方法、液体危険物タンクの底部の板の厚さの一年当たりの腐食による減少量の算出方法等、特殊液体危険物タンク、保安に関する検査を受けなければならない特殊液体危険物タンクの部分、保安に関する検査を受けなければならない事由、保安に関する検査の申請書等の様式、定期点検を行わなければならない時期等が規定されています。

「第十章　**自衛消防組織**」では、移送取扱所を有する事業所の自衛消防組織の編成等が規定されています。

「第十一章　**映写室**」では、映写室の消火設備等が規定されています。

4 火薬類取締法

(1) 目的

火薬類取締法の目的は、火薬類取締法に次のように定められています。

（この法律の目的）

第一条　この法律は、**火薬類**の製造、販売、貯蔵、運搬、消費その他の
取扱を規制することにより、火薬類による**災害を防止**し、**公共の安全**
を**確保**することを目的とする。

---

(2) 火薬類

火薬類は、火薬類取締法に次のように定められています。

（定義）

第二条　この法律において「**火薬類**」とは、左に掲げる**火薬、爆薬**及び
火工品をいう。

---

① 火薬

火薬とは、音速以下で反応が伝わること（**推進的爆発**）により発生したガ
スの圧力を利用して、ロケットや弾丸などを推進させるものです。

例：**黒色火薬**や**無煙火薬**　など

② 爆薬

爆薬とは、1秒間に2～8kmで反応が伝わること（**破壊的爆発**）により
発生した多量の熱とガスや衝撃波で破壊効果を発揮するものです。

例：**ダイナマイト**、**TNT（トリニトロトルエン）**　など

③　火工品

　火工品とは、**火薬や爆薬を利用**して加工し製造したものをいい、**雷管、実包、信管**などがあります。

(3) 火薬類の製造等に関する許可

　火薬類の製造等に関する許可は、火薬類取締法に次のように定められています。

　（製造の許可）

　第三条　火薬類の**製造**（変形又は修理を含む。以下同じ。）の業を営もうとする者は、**製造所ごと**に、経済産業省令で定めるところにより、**経済産業大臣の許可**を受けなければならない。

　（販売営業の許可）

　第五条　火薬類の**販売**の業を営もうとする者は、**販売所**ごとに、経済産業省令で定めるところにより、**都道府県知事の許可**を受けなければならない。

　（譲渡又は譲受けの許可）

　第十七条　火薬類を**譲り渡し、又は譲り受けようとする者**は、経済産業省令で定めるところにより、**都道府県知事の許可**を受けなければならない。

　（輸入）

　第二十四条　火薬類を**輸入しようとする者**は、**都道府県知事の許可**を受けなければならない。

　（消費）

　第二十五条　火薬類を**爆発させ、又は燃焼させようとする者**（火薬類を廃棄するため爆発させ、又は燃焼させようとする者を除く。以下「**消費者**」という。）は、**都道府県知事の許可**を受けなければならない。

　（廃棄）

　第二十七条　火薬類を**廃棄しようとする者**（以下「**廃棄者**」という。）は、

経済産業省令で定めるところにより、**都道府県知事の許可**を受けなければならない。

火薬類の**製造**は**大臣の許可**、火薬類の**販売・譲渡・輸入・消費・廃棄**は**知事の許可**が必要です。

(4) 貯蔵

火薬類の貯蔵については、火薬類取締法に次のように定められています。

（貯蔵）

第十一条　火薬類の**貯蔵**は、**火薬庫**においてしなければならない。但し、経済産業省令で定める数量以下の火薬類については、この限りでない。

2　火薬類の貯蔵は、経済産業省令で定める**技術上の基準**に従つてこれをしなければならない。

3　**都道府県知事**は、火薬類の貯蔵が、前項の技術上の基準に適合していないと認めるときは、貯蔵者に対し、**技術上の基準に従つて**火薬類を**貯蔵すべきことを命ずる**ことができる。

（火薬庫）

第十二条　**火薬庫を設置**し、移転し又はその構造若しくは設備を**変更**しようとする者は、経済産業省令で定めるところにより、**都道府県知事の許可**を受けなければならない。

（完成検査）

第十五条　第三条の許可又は第十二条第一項の許可（変更に係るものを除く。）を受けた者は、火薬類の**製造施設の設置**又は**火薬庫の設置**若しくは**移転**の工事をした場合には、経済産業省令で定めるところにより、製造施設又は火薬庫につき**経済産業大臣**又は**都道府県知事**が行う

完成検査を受け、これらが、第七条第一号又は第十二条第三項の技術上の基準に適合していると認められた後でなければ、これを使用してはならない。

火薬類は**火薬庫で貯蔵**する必要があり、**火薬庫を設置・変更**する場合は、**知事の許可**と**完成検査の受検**が必要です。

(5) 運搬

火薬類の運搬については、火薬類取締法に次のように定められています。

（運搬）

第十九条　火薬類を**運搬**しようとする場合は、その荷送人（他に運搬を委託しないで運搬する場合にあつては、その者）は、内閣府令で定めるところにより、その旨を出発地を管轄する**都道府県公安委員会に届け出**て、届出を証明する文書（以下「**運搬証明書**」という。）の**交付**を受けなければならない。

(6) 行商・露店販売の禁止と取扱者の制限

行商・露店販売の禁止と取扱者の制限については、火薬類取締法に次のように定められています。

（行商及び屋外販売の禁止）

第十八条　何人も、火薬類の**行商**をし、又は**露店**その他**屋外**で火薬類を**販売してはならない**。

（取扱者の制限）

第二十三条　十八才未満の者は、火薬類の取扱いをしてはならない。

2　何人も、十八才未満の者又は**心身の障害**により火薬類の取扱いに伴う**危害を予防するための措置を適正に行うことができない者**として政令で定めるものに、火薬類の**取扱いをさせてはならない。**

火薬類の**運搬**は**公安委員会**に**届出**が必要です。
行商・露店販売、18歳未満の取扱いは**禁止**されています。

（7）保安に関する事項

　火薬類の保安に関する事項は、火薬類取締法に次のように定められています。

①　危害予防規程

　危害予防規程について、火薬類取締法に次のように定められています。

（危害予防規程）

第二十八条　製造業者は、災害の発生を防止するため、保安の確保のための組織及び方法その他経済産業省令で定める事項について記載した**危害予防規程**を定め、経済産業省令で定めるところにより、**経済産業大臣の認可**を受けなければならない。これを変更するとき（第十条第一項ただし書の軽微な変更の工事に伴い必要となる場合を除く。）も同様とする。

②　保安教育

　保安教育について、火薬類取締法に次のように定められています。

（保安教育）

第二十九条　製造業者又は販売業者は、経済産業省令で定めるところにより、その従業者に対する**保安教育計画**を定め、**経済産業大臣又は都道府県知事の認可**を受けなければならない。これを変更しようとするときも、同様とする。

危害予防規程は大臣の認可、**保安教育計画**は、**大臣**または**都道府県知事の認可**が必要です。

③　保安責任者

保安責任者について、火薬類取締法に次のように定められています。

（保安責任者及び副保安責任者）

第三十条　**製造業者**は、経済産業省令で定めるところにより、次条の火薬類製造保安責任者免状を有する者のうちから、火薬類製造保安責任者（以下「**製造保安責任者**」という。）及び火薬類製造副保安責任者（以下「**製造副保安責任者**」という。）又は製造保安責任者を**選任**し、第三十二条第一項又は第二項に規定する製造保安責任者又は製造副保安責任者の**職務**を行わせなければならない。

2　火薬庫の所有者若しくは占有者又は経済産業省令で定める数量以上の火薬類を**消費する者**は、経済産業省令で定めるところにより、次条の火薬類取扱保安責任者免状を有する者のうちから、火薬類取扱保安責任者（以下「**取扱保安責任者**」という。）及び火薬類取扱副保安責任者（以下「**取扱副保安責任者**」という。）又は取扱保安責任者を**選任**し、第三十二条第一項又は第二項に規定する取扱保安責任者又は取

扱副保安責任者の**職務**を行わせなければならない。

3　第一項又は前項の規定により、製造業者、火薬庫の所有者若しくは占有者又は前項の消費者が、製造保安責任者若しくは製造副保安責任者又は取扱保安責任者若しくは取扱副保安責任者を選任したときは、その旨を**経済産業大臣**又は**都道府県知事**に**届け出**なければならない。これを解任したときも同様である。

製造業者は製造保安責任者を、消費者は取扱保安責任者を**選任**し、大臣または知事に**届け出る**必要があります。

④　保安検査、定期自主検査

　保安検査、定期自主検査について、火薬類取締法に次のように定められています。

（保安検査）

第三十五条　製造業者又は火薬庫の所有者若しくは占有者は、火薬類の爆発若しくは発火の危険がある製造施設であつて経済産業省令で定めるもの（以下「**特定施設**」という。）又は火薬庫並びにこれらの施設における保安の確保のための組織及び方法について、経済産業省令で定めるところにより、**定期**に、**経済産業大臣**又は**都道府県知事**が行う**保安検査**を受けなければならない。

（定期自主検査）

第三十五条の二　製造業者又は火薬庫の所有者若しくは占有者は、**製造施設**であつて経済産業省令で定めるもの又は**火薬庫**について、経済産業省令で定めるところにより、**定期**に、保安のための**自主検査**を行なわなければならない。

2 前項に規定する者は、経済産業省令で定めるところにより、同項の**自主検査**についての**計画**を定め、**経済産業大臣**又は**都道府県知事に届け出**なければならない。これを変更したときも、同様とする。

3 第一項に規定する者は、同項の**自主検査が終了**したときは、遅滞なくその旨を**経済産業大臣**又は**都道府県知事**に**報告**しなければならない。

定期自主検査については、**計画**を大臣または知事に**届け出**、検査が**終了**したときは、大臣または知事に**報告**する必要があります。

- [ ] 危険物の貯蔵所、取扱所等を設置または変更しようとする者は、市町村長等の許可と完成検査を受けなければならない。
- [ ] 貯蔵、取り扱う危険物の品名、数量を変更するときは、市町村長に届け出なければならない。
- [ ] 製造所、貯蔵所または取扱所の所有者、管理者または占有者は、当該製造所、貯蔵所または取扱所の用途を廃止したときは、遅滞なくその旨を市町村長等に届け出なければならない。
- [ ] 製造所、貯蔵所または取扱所を所有し、管理し、または占有する者は、危険物保安統括管理者、危険物保安監督者を定めたときは、遅滞なくその旨を市町村長等に届け出なければならない。
- [ ] 政令で定める製造所、貯蔵所または取扱所の所有者、管理者または占有者は、予防規程を定め、市町村長等の認可を受けなければならない。
- [ ] 製造所、貯蔵所または取扱所の所有者、管理者または占有者及びその従業者は、予防規程を守らなければならない。
- [ ] 政令で定める屋外タンク貯蔵所等は、市町村長等の保安検査を受ける必要がある。
- [ ] 政令で定める危険物の貯蔵所等は定期点検を実施する必要がある。
- [ ] 政令で定める数量以上の危険物を貯蔵し、または取り扱うものは、自衛消防組織を置かなければならない。
- [ ] 火薬類の製造は大臣の許可、火薬類の販売・譲渡・輸入・消費・廃棄は知事の許可が必要である。
- [ ] 火薬類は火薬庫で貯蔵する必要があり、火薬庫を設置・変更する場合は、知事の許可と完成検査の受検が必要である。
- [ ] 火薬類の製造業者は、危害予防規程を定め、経済産業大臣の認可を受けなければならない。
- [ ] 火薬類の製造業者または販売業者は、保安教育計画を定め、経済産業大臣または都道府県知事の認可を受けなければならない。
- [ ] 火薬類の製造業者は製造保安責任者を、消費者は取扱保安責任者を選任し、大臣または知事に届け出る必要がある。
- [ ] 火薬類の製造業者または火薬庫の所有者若しくは占有者は、特定施設または火薬庫並びにこれらの施設における保安の確保のための組織及び方法について、定期に、経済産業大臣または都道府県知事が行う保安検査を受けなければならない。
- [ ] 火薬類の製造業者または火薬庫の所有者若しくは占有者は、火薬庫について、定期に、保安のための自主検査を行なわなければならない。

第 3 章

高い圧力による危害を
防止する法律

1 高圧ガス保安法

(1) 高圧ガス保安法の目的

　高圧ガス保安法の目的は、高圧ガス保安法に、次のように定義されています。

（目的）

第一条　この法律は、**高圧ガスによる災害を防止**するため、**高圧ガスの製造、貯蔵、販売、移動その他の取扱及び消費**並びに容器の製造及び取扱を**規制**するとともに、民間事業者及び高圧ガス保安協会による高圧ガスの保安に関する**自主的な活動**を促進し、もつて公共の安全を確保することを目的とする。

　高圧ガスとは、常温において一定以上の圧力を有する圧縮ガス、圧縮アセチレンガス、液化ガスであると、高圧ガス保安法に定義されています。

(2) 高圧ガス製造の許可、届出

　高圧ガスを製造する設備、冷凍のためにガスを圧縮、液化して高圧ガスを製造する設備は、ガスの容積や冷凍能力の規模により、**都道府県知事の許可**、または、**届出**が必要です。高圧ガス保安法に、次のように定められています。

（製造の許可等）

第五条　次の各号の一に該当する者は、事業所ごとに、**都道府県知事の許可**を受けなければならない。

一　圧縮、液化その他の方法で処理することができる**ガスの容積**（温

度零度、圧力零パスカルの状態に換算した容積をいう。以下同じ。）**が一日百立方メートル**（当該ガスが政令で定めるガスの種類に該当するものである場合にあつては、当該政令で定めるガスの種類ごとに百立方メートルを超える政令で定める値）**以上**である設備（第五十六条の七第二項の認定を受けた設備を除く。）を使用して**高圧ガスの製造**（**容器に充てん**することを含む。以下同じ。）**をしようとする者**（冷凍（冷凍設備を使用してする暖房を含む。以下同じ。）のため高圧ガスの製造をしようとする者及び液化石油ガスの保安の確保及び取引の適正化に関する法律（昭和四十二年法律第百四十九号。以下「液化石油ガス法」という。）第二条第四項の供給設備に同条第一項の液化石油ガスを充てんしようとする者を除く。）

二　**冷凍のためガスを圧縮し、又は液化して高圧ガスの製造をする設備でその一日の冷凍能力が二十トン**（当該ガスが政令で定めるガスの種類に該当するものである場合にあつては、当該政令で定めるガスの種類ごとに二十トンを超える政令で定める値）**以上のもの**（第五十六条の七第二項の認定を受けた設備を除く。）を使用して高圧ガスの製造をしようとする者

2　次の各号の一に該当する者は、事業所ごとに、当該各号に定める日の二十日前までに、製造をする高圧ガスの種類、製造のための施設の位置、構造及び設備並びに製造の方法を記載した書面を添えて、その旨を**都道府県知事に届け出**なければならない。

一　**高圧ガスの製造の事業を行う者**（前項第一号に掲げる者及び冷凍のため高圧ガスの製造をする者並びに液化石油ガス法第二条第四項の供給設備に同条第一項の液化石油ガスを充てんする者を除く。）事業開始の日

二　**冷凍のためガスを圧縮し、又は液化して高圧ガスの製造をする設備でその一日の冷凍能力が三トン**（当該ガスが前項第二号の政令で定めるガスの種類に該当するものである場合にあつては、当該政令で定めるガスの種類ごとに三トンを超える政令で定める値）**以上の**

ものを使用して高圧ガスの製造をする者（同号に掲げる者を除く。）
製造開始の日

3　第一項第二号及び前項第二号の冷凍能力は、経済産業省令で定める
基準に従つて算定するものとする。

また、前記の規定に従い、都道府県知事の**許可**を受けた者を**第一種製造者**、
都道府県知事への**届出**をした者を**第二種製造者**と、高圧ガス保安法に定められ
ています。

冷凍のための設備には、冷凍機が使用されています。冷凍機には、主に圧縮機を用いた蒸気圧縮式と、吸収液を用いた吸収式があります。

（3）貯蔵・貯蔵所

高圧ガスの貯蔵・貯蔵所については、高圧ガス保安法に次のように定められ
ています。

（貯蔵）

第十五条　高圧ガスの**貯蔵**は、経済産業省令で定める**技術上の基準**に従
つてしなければならない。ただし、第一種製造者が第五条第一項の許
可を受けたところに従つて貯蔵する高圧ガス若しくは液化石油ガス法
第六条の液化石油ガス販売事業者が液化石油ガス法第二条第四項の供
給設備若しくは液化石油ガス法第三条第二項第三号の貯蔵施設におい
て貯蔵する液化石油ガス法第二条第一項の液化石油ガス又は経済産業
省令で定める容積以下の高圧ガスについては、この限りでない。

2　**都道府県知事**は、次条第一項又は第十七条の二第一項に規定する貯
蔵所の所有者又は占有者が当該貯蔵所においてする高圧ガスの貯蔵が

前項の**技術上の基準に適合していない**と認めるときは、その者に対し、その**技術上の基準に従つて**高圧ガスを**貯蔵**すべきことを**命ずる**ことができる。

（貯蔵所）

第十六条　**容積三百立方メートル**（当該ガスが政令で定めるガスの種類に該当するものである場合にあつては、当該政令で定めるガスの種類ごとに三百立方メートルを超える政令で定める値）**以上**の高圧ガスを貯蔵するときは、あらかじめ**都道府県知事の許可**を受けて設置する貯蔵所（以下「**第一種貯蔵所**」という。）においてしなければならない。ただし、**第一種製造者が第五条第一項の許可を受けたところに従つて高圧ガスを貯蔵**するとき、又は液化石油ガス法第六条の液化石油ガス販売事業者が液化石油ガス法第二条第四項の供給設備若しくは液化石油ガス法第三条第二項第三号の貯蔵施設において液化石油ガス法第二条第一項の**液化石油ガスを貯蔵**するときは、この限りでない。

一定規模以上の高圧ガスの貯蔵は、許可を受けた**貯蔵所**または**製造所**で技術基準に従って行う必要があります。

（4）完成検査

高圧ガスの製造所、貯蔵所は都道府県の行う完成検査を受ける必要があり、高圧ガス保安法に次のように定められています。

（完成検査）

第二十条　第五条第一項又は第十六条第一項の**許可を受けた者**は、高圧ガスの**製造のための施設**又は**第一種貯蔵所**の設置の工事を完成したときは、製造のための施設又は第一種貯蔵所につき、**都道府県知事**が行

う**完成検査**を受け、これらが第八条第一号又は第十六条第二項の**技術上の基準に適合**していると認められた後でなければ、これを使用してはならない。ただし、高圧ガスの製造のための施設又は第一種貯蔵所につき、経済産業省令で定めるところにより**高圧ガス保安協会**（以下「協会」という。）又は経済産業大臣が指定する者（以下「**指定完成検査機関**」という。）が行う**完成検査**を受け、これらが第八条第一号又は第十六条第二項の技術上の基準に適合していると認められ、その旨を**都道府県知事に届け出**た場合は、この限りでない。

（5）販売事業の届出

　高圧ガスの販売事業の届出については、高圧ガス保安法に次のように定められています。

（販売事業の届出）

第二十条の四　**高圧ガスの販売の事業**（液化石油ガス法第二条第三項の液化石油ガス販売事業を除く。）を営もうとする者は、**販売所ごとに**、事業開始の日の二十日前までに、販売をする高圧ガスの種類を記載した書面その他経済産業省令で定める書類を添えて、その旨を**都道府県知事に届け出**なければならない。ただし、次に掲げる場合は、**この限りでない。**

一　**第一種製造者**であつて、第五条第一項第一号に規定する者がその製造をした高圧ガスを**その事業所において販売**するとき。

二　**医療用の圧縮酸素**その他の政令で定める高圧ガスの販売の事業を営む者が貯蔵数量が常時容積**五立方メートル未満の販売所**において販売するとき。

高圧ガスを販売しようとする者は、販売所ごとに**都道府県知事に届け出**なければなりません。

（6）高圧ガスの販売、移動、消費、廃棄

　高圧ガスの販売、移動、消費、廃棄については、高圧ガス保安法に次のように定められています。

①　販売

　高圧ガスの販売については、高圧ガス保安法に次のように定められています。

（周知させる義務等）

第二十条の五　販売業者又は第二十条の四第一号の規定により販売する者（以下「**販売業者**等」という。）は、経済産業省令で定めるところにより、その販売する高圧ガスであつて経済産業省令で定めるものを**購入する者**に対し、当該高圧ガスによる**災害の発生の防止に関し必要な事項**であつて経済産業省令で定めるものを**周知**させなければならない。ただし、当該高圧ガスを購入する者が第一種製造者、販売業者、第二十四条の二第二項の特定高圧ガス消費者その他経済産業省令で定める者であるときは、この限りでない。

（販売の方法）

第二十条の六　販売業者等は、経済産業省令で定める**技術上の基準**に従つて高圧ガスの販売をしなければならない。

販売事業者は、購入者に災害防止のため必要な事項を、**周知**しなければなりません。

② 移動

　高圧ガスの移動については、高圧ガス保安法に次のように定められています。

（輸入検査）

第二十二条　高圧ガスの**輸入をした者**は、輸入をした高圧ガス及びその容器につき、**都道府県知事が行う輸入検査**を受け、これらが経済産業省令で定める**技術上の基準**（以下この条において「輸入検査技術基準」という。）に適合していると認められた後でなければ、これを**移動**してはならない。ただし、次に掲げる場合は、この限りでない。

（移動）

第二十三条　高圧ガスを**移動**するには、その**容器**について、経済産業省令で定める**保安上必要な措置**を講じなければならない。

原則として、**輸入**した場合は**都道府県知事の検査**を受ける必要があります。

③ 消費

　高圧ガスの消費については、高圧ガス保安法に次のように定められています。

（消費）

第二十四条の二　圧縮モノシラン、圧縮ジボラン、液化アルシンその他の高圧ガスであつてその**消費に際し災害の発生を防止するため特別の注意を要するもの**として政令で定める種類のもの又は液化酸素その他の高圧ガスであつて当該ガスを相当程度貯蔵して**消費する際に公共の安全を維持し、又は災害の発生を防止するために特別の注意を要するもの**として政令で定める種類の高圧ガス（以下「**特定高圧ガス**」と総称する。）を**消費する者**（その消費する特定高圧ガスの貯蔵設備の貯蔵能力が当該特定高圧ガスの種類ごとに政令で定める**数量以上**である者又はその消費に係る事業所以外の事業所から導管によりその消費する特定高圧ガスの供給を受ける者に**限る**。以下同じ。）は、事業所ごとに、**消費開始の日の二十日前まで**に、消費する特定高圧ガスの種類、消費（消費に係る貯蔵及び導管による輸送を含む。以下この項において同じ。）のための施設の位置、構造及び設備並びに消費の方法を記載した書面を添えて、その旨を**都道府県知事に届け出**なければならない。

災害防止のため注意を要する**特定高圧ガス**を一定数量以上消費する者は、**消費開始前**に**都道府県知事に届け出**なければなりません。

④　廃棄

　高圧ガスの廃棄については、高圧ガス保安法に次のように定められています。

（廃棄）

第二十五条　経済産業省令で定める高圧ガスの**廃棄は**、廃棄の場所、数量その他廃棄の方法について経済産業省令で定める**技術上の基準**に従つてしなければならない。

（7）危害予防規程と保安教育

①　危害予防規程

　第一種製造者は、高圧ガス製造設備の危害を防止するためのルールである危害予防規程を定めて、都道府県知事に届け出なければなりません。

（危害予防規程）

第二十六条　第一種製造者は、経済産業省令で定める事項について記載した**危害予防規程**を定め、経済産業省令で定めるところにより、**都道府県知事に届け出**なければならない。これを変更したときも、同様とする。

②　保安教育

　第一種製造者は、従業員に対する保安教育計画を定め、保安教育を実施しなければなりません。

（保安教育）

第二十七条　第一種製造者は、その従業者に対する**保安教育計画**を定めなければならない。

危害予防規程は届出を要しますが、保安教育計画は届出を要しません。

（8）保安責任者等の選任

　高圧ガスの保安責任者等の選任については、高圧ガス保安法に次のように定められています。

①　保安統括者等の選任

　保安統括者等の選任については、高圧ガス保安法に次のように定められています。

（保安統括者、保安技術管理者及び保安係員）

第二十七条の二　次に掲げる者は、**事業所ごと**に、経済産業省令で定めるところにより、高圧ガス製造保安統括者（以下「**保安統括者**」という。）を**選任**し、第三十二条第一項に規定する職務を行わせなければならない。

　一　**第一種製造者**であつて、第五条第一項第一号に規定する者（経済産業省令で定める者を除く。）

　二　**第二種製造者**であつて、第五条第二項第一号に規定する者（一日に製造をする高圧ガスの容積が経済産業省令で定めるガスの種類ごとに経済産業省令で定める容積以下である者その他経済産業省令で定める者を除く。）

2　**保安統括者**は、当該事業所においてその事業の実施を**統括管理する者**をもつて充てなければならない。

3　第一項第一号又は第二号に掲げる者は、**事業所ごと**に、経済産業省令で定めるところにより、高圧ガス製造保安責任者免状（以下「**製造**

保安責任者免状」という。）の交付を受けている者であつて、経済産業省令で定める高圧ガスの製造に関する**経験を有する者**のうちから、高圧ガス製造保安技術管理者（以下「**保安技術管理者**」という。）を**選任**し、第三十二条第二項に規定する職務を行わせなければならない。ただし、**保安統括者**に経済産業省令で定める事業所の区分に従い経済産業省令で定める種類の**製造保安責任者免状の交付**を受けている者であつて、経済産業省令で定める高圧ガスの製造に関する**経験を有する者を選任**している場合その他経済産業省令で定める場合は、この限りでない。

4　第一項第一号又は第二号に掲げる者は、経済産業省令で定める製造のための**施設の区分ごと**に、経済産業省令で定めるところにより、**製造保安責任者免状の交付**を受けている者であつて、経済産業省令で定める高圧ガスの製造に関する**経験を有する者**のうちから、高圧ガス製造保安係員（以下「**保安係員**」という。）を選任し、第三十二条第三項に規定する職務を行わせなければならない。

（保安主任者及び保安企画推進員）

第二十七条の三　前条第一項第一号に掲げる**第一種製造者**のうち**一日に製造をする高圧ガスの容積**が経済産業省令で定めるガスの種類ごとに経済産業省令で定める**容積以上**である者は、経済産業省令で定める製造のための**施設の区分ごと**に、経済産業省令で定めるところにより、**製造保安責任者免状**の交付を受けている者であつて、経済産業省令で定める高圧ガスの製造に関する**経験を有する者**のうちから、高圧ガス製造保安主任者（以下「**保安主任者**」という。）を**選任**し、第三十二条第四項に規定する職務を行わせなければならない。

2　前項に規定する**第一種製造者**は、**事業所ごと**に、経済産業省令で定める高圧ガスの製造に係る保安に関する**知識経験を有する者**のうちから、高圧ガス製造保安企画推進員（以下「**保安企画推進員**」という。）を**選任**し、第三十二条第五項に規定する職務を行わせなければならな

い。

また、それぞれの選任条件は次の通りです。

　　　保安統括者：統括管理する者

保安技術管理者：経験を有する免状交付者。保安統括者に免状・経験を有す
　　　　　　　　る者を選任した場合は選任不要。

　　　保安係員：経験を有する免状交付者

　　　保安主任者：経験を有する免状交付者

保安企画推進員：知識経験を有する者

②　冷凍保安責任者

　冷凍のための高圧ガス製造設備の**第一種製造者**、**第二種製造者**は、製造保
安責任者免状の交付を受け、経験を有する者を、**冷凍保安責任者**として**選任
し、都道府県知事に届け出**なければなりません。

（冷凍保安責任者）

第二十七条の四　次に掲げる者は、事業所ごとに、経済産業省令で定め
　るところにより、**製造保安責任者免状**の交付を受けている者であつて、
　経済産業省令で定める高圧ガスの製造に関する**経験を有する者**のうち
　から、**冷凍保安責任者を選任**し、第三十二条第六項に規定する職務を
　行わせなければならない。

　　一　**第一種製造者**であつて、第五条第一項第二号に規定する者（製造
　　　のための施設が経済産業省令で定める施設である者その他経済産業
　　　省令で定める者を除く。）

　　二　**第二種製造者**であつて、第五条第二項第二号に規定する者（一日
　　　の冷凍能力が経済産業省令で定める値以下の者及び製造のための施
　　　設が経済産業省令で定める施設である者その他経済産業省令で定め

る者を除く。)

③ 販売主任者及び取扱主任者

販売主任者及び取扱主任者については、高圧ガス保安法に次のように定められています。

（販売主任者及び取扱主任者）

第二十八条　販売業者（経済産業省令で定める高圧ガスを販売する者に限る。第三十四条において同じ。）は、**販売所ごと**に、経済産業省令で定めるところにより、製造保安責任者免状又は高圧ガス販売主任者免状（以下「**販売主任者免状**」という。）の交付を受けている者であつて、経済産業省令で定める高圧ガスの販売に関する**経験を有する者**のうちから、高圧ガス販売主任者（以下「**販売主任者**」という。）を**選任**し、第三十二条第七項に規定する職務を行わせなければならない。

2　特定高圧ガス消費者は、**事業所ごと**に、経済産業省令で定めるところにより、特定高圧ガス取扱主任者（以下「**取扱主任者**」という。）を**選任**し、第三十二条第八項に規定する職務を行わせなければならない。

保安責任者等を選任したときは、遅滞なく、**都道府県知事に届け出**なければなりません。解任したときも、同様に届け出る必要があります。

（9）保安検査

原則として、第一種製造者は都道府県知事が行う保安検査を受けなければなりません。保安検査に関する事項は、高圧ガス保安法に、次のように定め

66

られています。

（保安検査）

第三十五条 **第一種製造者**は、高圧ガスの爆発その他災害が発生するお
それがある製造のための施設（経済産業省令で定めるものに限る。以
下「特定施設」という。）について、経済産業省令で定めるところに
より、定期に、**都道府県知事**が行う**保安検査**を受けなければならない。
ただし、次に掲げる場合は、この限りでない。

一 特定施設のうち経済産業省令で定めるものについて、経済産業省
令で定めるところにより協会又は経済産業大臣の指定する者（以下
「**指定保安検査機関**」という。）が行う**保安検査**を受け、その旨を**都
道府県知事に届け出た**場合

二 自ら特定施設に係る保安検査を行うことができる者として経済産
業大臣の認定を受けている者（以下「**認定保安検査実施者**」という。）
が、その認定に係る特定施設について、第三十九条の十一第二項の
規定により**検査の記録**を**都道府県知事に届け出た**場合

（10）定期自主検査

第一種製造者や1日に製造する高圧ガスが一定以上の**第二種製造者**など
は、**定期自主検査**を実施し、検査記録を作成、保存しなければなりません。

（定期自主検査）

第三十五条の二 **第一種製造者**、第五十六条の七第二項の**認定**を受けた
設備を使用する**第二種製造者**若しくは**第二種製造者**であつて**一日に製
造する高圧ガスの容積**が経済産業省令で定めるガスの種類ごとに経済
産業省令で**定める量**（第五条第二項第二号に規定する者にあつては、
一日の冷凍能力が経済産業省令で定める値）以上である者又は特定高
圧ガス消費者は、製造又は消費のための施設であつて経済産業省令で

定めるものについて、経済産業省令で定めるところにより、**定期**に、**保安**のための**自主検査**を行い、その**検査記録**を**作成**し、これを**保存**しなければならない。

保安検査、定期自主検査ともに、**1年に1回以上**行うことと、一般高圧ガス保安規則に定められています。

（11）危険時の措置・届出と火気等の制限

危険時の措置・届出と火気等の制限について、高圧ガス保安法に次のように定められています。

① 危険時の措置及び届出

（危険時の措置及び届出）

第三十六条　高圧ガスの製造のための施設、貯蔵所、販売のための施設、特定高圧ガスの消費のための施設又は高圧ガスを充てんした容器が危険な状態となつたときは、高圧ガスの製造のための施設、貯蔵所、販売のための施設、特定高圧ガスの消費のための施設又は高圧ガスを充てんした容器の**所有者又は占有者**は、**直ちに**、経済産業省令で定める**災害の発生の防止のための応急の措置**を講じなければならない。

2　前項の事態を**発見した者**は、**直ちに**、その旨を**都道府県知事**又は**警察官、消防吏員**若しくは**消防団員**若しくは**海上保安官**に届け出なければならない。

②　火気等の制限

（火気等の制限）

第三十七条　**何人も**、第五条第一項若しくは第二項の事業所、第一種貯蔵所若しくは第二種貯蔵所、第二十条の四の販売所（同条第二号の販売所を除く。）若しくは第二十四条の二第一項の事業所又は液化石油ガス法第三条第二項第二号の販売所においては、第一種製造者、第二種製造者、第一種貯蔵所若しくは第二種貯蔵所の所有者若しくは占有者、販売業者若しくは特定高圧ガス消費者又は液化石油ガス法第六条の液化石油ガス販売事業者が指定する場所で**火気を取り扱つてはならない**。

２　**何人も**、第一種製造者、第二種製造者、第一種貯蔵所若しくは第二種貯蔵所の所有者若しくは占有者、販売業者若しくは特定高圧ガス消費者又は液化石油ガス法第六条の液化石油ガス販売事業者の承諾を得ないで、**発火しやすい物を携帯**して、前項に規定する場所に**立ち入つてはならない**。

2 高圧ガス保安法関係規則

高圧ガス保安法の関係規則には、一般高圧ガス保安規則、液化石油ガス保安規則、容器保安規則、コンビナート等保安規則、冷凍保安規則、国際相互承認に係る容器保安規則があり、各規則の適用範囲が次の通り区分されています。

① 一般高圧ガス保安規則

（適用範囲）

第一条　この規則は、高圧ガス保安法（昭和二十六年法律第二百四号。以下「法」という。）に基づいて、**高圧ガス**（冷凍保安規則（昭和四十一年通商産業省令第五十一号）及び液化石油ガス保安規則（昭和四十一年通商産業省令第五十二号）の適用を受ける高圧ガスを除く。以下同じ。）に関する保安（コンビナート等保安規則（昭和六十一年通商産業省令第八十八号）に規定する特定製造事業所に係る高圧ガスの製造に関する保安を除く。）について規定する。

② 液化石油ガス保安規則

（適用範囲）

第一条　この規則は、高圧ガス保安法（昭和二十六年法律第二百四号。以下「法」という。）に基づいて、**液化石油ガス**（**炭素数三又は四の炭化水素**を主成分とするものに限り、かつ、液化石油ガスの分離又は精製のための設備及び液化石油ガス以外の高圧ガスの原料に係る液化石油ガスの貯蔵設備におけるもの並びに冷凍保安規則（昭和四十一年通商産業省令第五十一号）の適用を受けるものを除く。以下同じ。）に関する保安（コンビナート等保安規則（昭和六十一年通商産業省令

第八十八号）に規定する特定製造事業所に係る高圧ガスの製造に関する保安を除く。）について規定する。

炭素数3または4の炭化水素とは、**プロパン、ブタン**などが該当します。これらの気体を圧縮液化したものを**液化石油ガス**といいます。

③　容器保安規則

（適用範囲）

第一条　この規則は、高圧ガス保安法（昭和二十六年法律第二百四号。以下「法」という。）及び高圧ガス保安法施行令（平成九年政令第二十号）に基づいて、**高圧ガスを充填するための容器**であつて地盤面に対して移動することができるもの（国際相互承認に係る容器保安規則（平成二十八年経済産業省令第八十二号）の適用を受ける容器を除く。以下単に「容器」という。）に関する保安について規定する。

④　コンビナート等保安規則

（適用範囲）

第一条　この規則は、高圧ガス保安法（昭和二十六年法律第二百四号。以下「法」という。）に基づいて、**特定製造事業所**における高圧ガス（冷凍保安規則（昭和四十一年通商産業省令第五十一号）の適用を受ける高圧ガスを除く。以下同じ。）の製造（地盤面に対して移動することができる設備による製造を除く。）に関する保安について規定する。

特定製造事業所については、コンビナート等保安規則に次のように定められています。

（用語の定義）

第二条　この規則において次の各号に掲げる用語の意義は、それぞれ当該各号に定めるところによる。

二十二　**特定製造事業所**　次のイからハまでに掲げる**製造事業所**

イ　**コンビナート地域内にある製造事業所**（**専ら燃料**の用に供する目的で高圧ガスの**製造**をし、又は専ら高圧ガスを**容器に充填**するものであつて貯蔵能力が二千立方メートル又は二十トン以上の**可燃性ガ**スの貯槽を**設置していない**もの及び**専ら不活性ガス及び空気の製造**をするものを**除く。**）

ロ　**保安用不活性ガス以外**のガスの処理能力（不活性ガス及び空気については、その処理能力に四分の一を乗じて得た容積とする。以下この号において同じ。）が百万立方メートル（貯槽を設置して専ら高圧ガスの充填を行う場合にあつては、二百万立方メートル）以上の**製造事業所**

ハ　**都市計画法**（昭和四十三年法律第百号）第八条第一項第一号の規定により定められた**用途地域（工業専用地域及び工業地域を除く。）**内にある保安用不活性ガス以外のガスの処理能力が五十万立方メートル（貯槽を設置して専ら高圧ガスの充填を行う場合にあつては、百万立方メートル）以上の**製造事業所**

コンビナート地域内で、燃料を製造するもの、一定規模以上の可燃性ガスを貯蔵するもの、不活性ガス・空気以外の高圧ガスを製造するものは、特定製造施設に該当します。

コンビナートとは、原料・燃料・施設を一定地域に計画的に結合した工場の集団をいいます。

　また、不活性ガスとは他の物質と反応しにくい気体をいい、不活性ガスについては、コンビナート等保安規則に次のように定められています。

（用語の定義）

第二条　この規則において次の各号に掲げる用語の意義は、それぞれ当該各号に定めるところによる。

　三　**不活性ガス**　ヘリウム、ネオン、アルゴン、クリプトン、キセノン、ラドン、窒素、二酸化炭素又はフルオロカーボン（可燃性ガスを除く。）

---

⑤　冷凍保安規則

（適用範囲）

第一条　この規則は、高圧ガス保安法（昭和二十六年法律第二百四号。以下「法」という。）に基づいて、**冷凍**（冷凍設備を使用してする暖房を含む。以下同じ。）に係る高圧ガスに関する保安について規定する。

---

⑥　国際相互承認に係る容器保安規則

（適用範囲）

第一条　この規則は、高圧ガス保安法（昭和二十六年法律第二百四号。

以下「法」という。）及び高圧ガス保安法施行令（平成九年政令第二十号。）に基づいて、車両並びに車両への取付け又は車両における使用が可能な装置及び部品に係る調和された技術上の国際連合の諸規則の採択並びにこれらの国際連合の諸規則に基づいて行われる認定の相互承認のための条件に関する協定（平成十年条約第十二号）に附属する規則（以下「協定規則」という。）第百十号、第百三十四号及び第百四十六号に適合するものとして認定された**自動車の燃料装置用容器**に関する保安について規定する。

チェックリストで確認 **第３章のポイント**

- □ 高圧ガス保安法は、高圧ガスによる災害を防止するため、高圧ガスの製造、貯蔵、販売、移動その他の取扱い及び消費並びに容器の製造及び取扱いを規制している。
- □ 高圧ガスを製造する設備、冷凍のためにガスを圧縮、液化して高圧ガスを製造する設備は、ガスの容積や冷凍能力の規模により、都道府県知事の許可または届出が必要である。
- □ 都道府県知事の許可を受けた者を第一種製造者、都道府県知事への届出をした者を第二種製造者という
- □ 高圧ガスの貯蔵は、経済産業省令で定める技術上の基準に従ってしなければならない。
- □ 第一種製造者の高圧ガスの製造所等は、都道府県の行う完成検査を受ける必要がある。
- □ 高圧ガスを販売しようとする者は、販売所ごとに都道府県知事に届け出なければならない。
- □ 高圧ガスの販売業者等は、高圧ガスを購入する者に対し、高圧ガスによる災害の発生の防止に関し必要な事項を周知させなければならない。
- □ 高圧ガスの輸入をした者は、高圧ガス及びその容器につき、都道府県知事が行う輸入検査を受け、技術上の基準に適合していると認められた後でなければ、移動してはならない。
- □ 経済産業省令で定める高圧ガスの廃棄は、廃棄の場所、数量その他廃棄の方法について技術上の基準に従わなければならない。
- □ 第一種製造者は、危害予防規程を定め、都道府県知事に届け出なければならない。
- □ 第一種製造者は、従業者に対する保安教育計画を定めなければならない。
- □ 第一種製造者、第二種製造者は、事業所ごとに、高圧ガス製造保安統括者を選任し、規定する職務を行わせなければならない。
- □ 第一種製造者、第二種製造者は、事業所ごとに、高圧ガス製造保安責任者免状の交付を受けている者で、高圧ガスの製造に関する経験を有する者のうちから、高圧ガス製造保安技術管理者を選任し、規定する職務を行わせなければならない。
- □ 販売業者は、販売所ごとに、製造保安責任者免状または高圧ガス販売主任者免状の交付を受けている者で、高圧ガスの販売に関する経験を有する者のうちから、高圧ガス販売主任者を選任し、規定する職務を行わせなければならない。
- □ 第一種製造者は都道府県知事が行う保安検査を受けなければならない。
- □ 第一種製造者や１日に製造する高圧ガスが一定以上の第二種製造者等は、定期自主検査を実施し、検査記録を作成、保存しなければならない。
- □ 高圧ガスの製造のための施設等が危険な状態となったときは、施設の所有者または占有者は、直ちに、災害の発生の防止のための応急の措置を講じなければならない。

第4章

多量の危険物による
危害を防止する法律

1 石油コンビナート等災害防止法

石油コンビナート等災害防止法に関する事項は、次の通りです。

（1）石油コンビナート等災害防止法の目的

石油コンビナート等災害防止法の目的は、次のように定義されています。

（目的）

第一条　この法律は、石油コンビナート等特別防災区域に係る災害の特殊性にかんがみ、その災害の防止に関する基本的事項を定めることにより、消防法（昭和二十三年法律第百八十六号）、高圧ガス保安法（昭和二十六年法律第二百四号）、災害対策基本法（昭和三十六年法律第二百二十三号）その他災害の防止に関する法律と相まつて、石油コンビナート等特別防災区域に係る災害の発生及び拡大の防止等のための総合的な施策の推進を図り、もつて石油コンビナート等特別防災区域に係る災害から国民の生命、身体及び財産を保護することを目的とする。

石油コンビナート等特別防災区域は、石油コンビナート等特別防災区域を指定する政令に、定められています。

（2）特定事業所と特定事業者

特定事業所と特定事業所については、石油コンビナート等災害防止法に次のように定められています。

（定義）

第二条　この法律において、次の各号に掲げる用語の意義は、それぞれ当該各号に定めるところによる。

　四　第一種事業所　石油コンビナート等特別防災区域（以下「**特別防災区域**」という。）に**所在する事業所**であつて、石油の貯蔵・取扱量を第二号イに規定する**政令で定める**基準貯蔵・取扱量で除して得た**数値**若しくは高圧ガスの処理量を同号イに規定する**政令で定める**基準処理量で除して得た**数値**又はこれらを**合計した数値**が一以上となるものをいう。

　五　第二種事業所　**特別防災区域に所在**する事業所のうち**第一種事業所以外**の事業所であつて、政令で定める基準に従い、相当量の石油等その他政令で定める物質を取り扱い、貯蔵し、又は処理することにより当該事業所における災害及び第一種事業所における災害が**相互に重要な影響を及ぼすと認められるもの**として**都道府県知事が指定**するものをいう。

　六　特定事業所　**第一種事業所及び第二種事業所**をいう。

　七　第一種事業者　第一種事業所を設置している者をいう。

　八　第二種事業者　第二種事業所を設置している者をいう。

　九　特定事業者　**第一種事業者及び第二種事業者**をいう。

（3）特定事業者の責務

　特定事業者の責務については、石油コンビナート等災害防止法に次のように定められています。

（特定事業者の責務）

第三条　特定事業者は、その特定事業所における**災害の発生及び拡大の防止に関し万全の措置を講ずる**とともに、当該特定事業所の所在する

特別防災区域において生じたその他の災害の拡大の防止に関し、**他の事業者と協力し、相互に一体となつて必要な措置を講ずる責務を有する。**

（4）第一種事業所の新設・変更の届出

　第一種事業所の新設・変更の届出等については、石油コンビナート等災害防止法に次のように定められています。

（新設の届出等）

第五条　**第一種事業所**（石油貯蔵所等を設置する事業所であり、かつ、高圧ガス保安法第五条第一項の規定による許可に係る事業所であるものに限る。以下この章において同じ。）**の新設**（石油の貯蔵・取扱量又は高圧ガスの処理量を増加するための工事その他の政令で定める工事をすることにより第一種事業所となる場合における当該工事を含む。以下同じ。）**をしようとする者**は、主務省令で定めるところにより、書面で、その者の氏名（法人にあつては、その名称及び代表者の氏名）及び住所、設置の場所、新設のための工事の開始の予定日並びに当該事業所に係る次の事項を含む第一種事業所の**新設に関する計画を主務大臣に届け出**なければならない。

（変更の届出等）

第七条　**第一種事業所**に係る第五条第一項第一号から第三号までに掲げる事項の一部の**変更をしようとする者**は、主務省令で定めるところにより、書面で、その者の氏名（法人にあつては、その名称及び代表者の氏名）及び住所、当該変更のための工事の開始の予定日並びに当該第一種事業所の**変更に関する計画を主務大臣に届け出なければならない**。ただし、災害復旧工事をする場合その他の主務省令で定める場合は、この限りでない。

（新設等の計画に係る指示）

第八条　**主務大臣**は、第五条第一項又は前条第一項の規定による届出（以下「**新設等の届出**」という。）があつた場合において、当該新設等の届出に係る第一種事業所の新設又は変更に関する計画（以下「**新設等の計画**」という。）の内容が次のいずれかに該当するときは、当該新設等の届出をした者に対し、当該新設等の計画の内容のうち、第五条第一項第一号又は第二号に掲げる事項に係る部分（当該変更に関する計画が、同項第三号の敷地面積の減少を伴うものである場合には、当該第一種事業所に係る同項第一号又は第二号に掲げる事項で当該敷地面積の減少に密接に関連するものを含む。）について、災害が発生した場合における当該災害の拡大の防止（以下「**災害の発生の場合の拡大防止**」という。）をするために必要と認められる範囲内において、当該新設等の**計画の変更を指示**することができる。

（実施の制限）

第十条　**新設等の届出をした者**は、**指示期間の満了等に係る日までは、**当該届出に係る**第一種事業所の新設又は変更**（消防法第十一条第一項の規定による許可に係る施設及び高圧ガス保安法第五条第一項又は第十四条第一項の規定による許可に係る同法第八条第一号に規定する製造のための施設（第十二条において「許可施設」という。）に係るものを除く。次条第一項において同じ。）**をしてはならない。**

（新設等の確認）

第十一条　**新設等の届出をした者**は、当該届出に係る**第一種事業所の新設又は変更をしたとき**は、主務省令で定めるところにより、その旨を主務大臣に届け出て、当該新設又は変更が当該新設等の届出に係る新設等の計画（当該計画について第八条第一項の規定による指示があつたときは、当該指示に従つて変更された場合の当該計画。次条第一号において同じ。）に適合しているかどうかについて、**主務大臣の確認**を受けなければならない。

第一種事業所の新設・変更の届出について、まとめると次の通りです。

・主務大臣に新設・変更の**届出**をしなければならない。

・主務大臣は、必要に応じて変更を**指示**することができる。

・**指示期間満了**まで新設・変更してはならない。

・新設・変更したときは主務大臣の**確認**を受けなければならない。

該当条文の主務大臣は、総務大臣及び経済産業大臣です。

（5）特定防災施設

特定防災施設については、石油コンビナート等災害防止法に次のように定められています。

（定義）

第二条　この法律において、次の各号に掲げる用語の意義は、それぞれ当該各号に定めるところによる。

十　特定防災施設等　**流出油等防止堤**、**消火**又は**延焼の防止**のための施設又は設備その他の災害の拡大の防止のために土地又は工作物に定着して設けられる施設又は設備（消防法、高圧ガス保安法その他の災害の防止に関する法令の規定により設置すべきものを除く。）であつて、主務省令で定めるものをいう。

（特定防災施設等）

第十五条　**特定事業者**は、その特定事業所に、主務省令で定める基準に従つて、**特定防災施設等を設置**し、及び**維持**しなければならない。

2　特定事業者は、特定防災施設等を**設置**したときは、主務省令で定めるところにより、その旨を**市町村長**（特別区並びに消防本部及び消防

署を置かない市町村にあつては、**都道府県知事**。以下「市町村長等」
という。）に**届け出**て、**検査**を受けなければならない。
3　特定事業者は、特定防災施設等について、主務省令で定めるところ
により、**定期に点検**を行い、**点検記録**を作成し、これを**保存**しなけれ
ばならない。

特定事業者は、流出油等防止堤、消火・延焼防止のための**特定防災施設等
を設置、維持**しなければなりません。また、特定防災施設等を設置したとき
は、**市町村長等に届け出て検査**を受け、**定期点検を行い、記録を保存**する必
要があります。

（6）自衛防災組織・防災管理者・防災規程

自衛防災組織・防災管理者・防災規程については、石油コンビナート等災
害防止法に次のように定められています。

①　自衛防災組織

自衛防災組織については、石油コンビナート等災害防止法に次のように定
められています。

（自衛防災組織）
第十六条　特定事業者は、その特定事業所ごとに、**自衛防災組織を設置**
しなければならない。
2　自衛防災組織は、特定事業所における災害の発生又は拡大を防止す
るために必要な業務（以下「防災業務」という。）を行う。この場合
において、自衛防災組織は、消防法、高圧ガス保安法その他の法令の
規定により災害の発生又は拡大を防止するために必要な業務又は職務
を行うこととされている者で政令で定めるものが行うべき業務又は職
務の遂行に協力しなければならない。

3　特定事業者は、その自衛防災組織に、政令で定めるところにより、**防災要員**を置かなければならない。

4　特定事業者は、その自衛防災組織に、政令で定めるところにより、当該自衛防災組織がその業務を行うために必要な**化学消防自動車、泡放水砲、消火用薬剤、油回収船**その他の機械器具、資材又は設備（以下「防災資機材等」という。）を備え付けなければならない。

5　特定事業者は、主務省令で定めるところにより、その自衛防災組織の防災要員及び防災資機材等の現況について、**市町村長等に届け出**なければならない。

必要な防災要員の人数や消防車の台数については、石油コンビナート等災害防止法施行令に定められています。

②　防災管理者

防災管理者については、石油コンビナート等災害防止法に次のように定められています。

（防災管理者等）

第十七条　特定事業者は、その特定事業所ごとに、**防災管理者**を**選任**し、自衛防災組織を統括させなければならない。

2　防災管理者は、当該特定事業所においてその事業の実施を**統括管理する者**をもつて充てなければならない。

3　第一種事業者は、当該第一種事業所における災害の発生又は拡大の防止に関する業務を適切に遂行することができる**管理的又は監督的地位にある者**のうちから**副防災管理者**を選任し、自衛防災組織の統括について、防災管理者を**補佐**させなければならない。

4　第一種事業者は、**防災管理者**が当該**第一種事業所内**にいないときは、**副防災管理者**に自衛防災組織を**統括**させなければならない。

5　特定事業者は、その選任した防災管理者（第一種事業者にあつては、副防災管理者を含む。）に対し、特定事業所における災害の発生又は拡大を防止するため、**防災業務に関する能力の向上**に資する**研修の機会**を与えるように努めなければならない。

6　第一項又は第三項の規定により防災管理者又は副防災管理者を選任したときは、特定事業者（同項の場合にあつては、第一種事業者。第二十一条第一項第四号において同じ。）は、主務省令で定めるところにより、遅滞なく、その旨を**市町村長等に届け出**なければならない。これを解任したときも、同様とする。

③　防災規程

防災規程については、石油コンビナート等災害防止法に次のように定められています。

（防災規程）

第十八条　特定事業者は、主務省令で定めるところにより、自衛防災組織が行うべき防災業務に関する事項について**防災規程**を定め、**市町村長等に届け出**なければならない。これを変更したときも、同様とする。

2　**市町村長等**は、災害の発生又は拡大を防止するため**必要がある**と認めるときは、特定事業者に対し、期間を定めて、前項の**防災規程の変更を命ずる**ことができる。

3　**市町村長等**は、前項の規定による**命令に違反**した特定事業者に対し、期間を定めて、当該命令に係る特定事業所の施設の全部又は一部の**使用の停止**を命ずることができる。

防災規程に定めるべき事項については、石油コンビナート等における特定防災施設等及び防災組織等に関する省令に次のように規定されています。

（防災規程）

第二十六条　法第十八条第一項の防災規程には、次に掲げる事項を定めなければならない。

　一　防災管理者、副防災管理者及び防災要員の**職務**に関すること。

　二　防災管理者、副防災管理者又は防災要員が、旅行又は疾病その他の事故のためその職務を行うことができない場合にその**職務を代行する者**に関すること。

　三　**防災要員の配置**及び**防災資機材等の備付け**に関すること。

　四　**自衛防災組織の編成**に関すること。

　五　防災要員に対する**防災教育の実施**に関すること。

　六　自衛防災組織の**防災訓練の実施**に関すること。

　七　防災のための施設、設備又は資機材等の**整備状況及び整備計画**に関すること。

　八　特定防災施設等及び防災資機材等の**点検**に関すること。

　九　**出火、石油等の漏えい**その他の異常な現象が発生した場合における特定事業所の事業実施の統括管理者による**消防機関への通報**に関すること。

　十　災害が発生し、又は発生するおそれがある場合における自衛防災組織の**防災活動**に関すること。

　十一　特定事業所の主要な施設又は設備を明示した**書類又は図面の整備**に関すること。

　十二　防災に関する業務を行う者の**職務及び組織**に関すること。

　十三　災害の現場において市町村長（特別区の存する区域においては、都知事。）又はその委任を受けた市町村（特別区の存する区域においては、都。）の職員から特定事業所の事業実施の統括管理者に対し要求があつた場合における**情報提供が適切に行われるための体制**

に関すること。

十四　防災規程に**違反**した防災管理者、副防災管理者又は防災要員に
　　　対する**措置**に関すること。

十五　前各号に掲げるもののほか、特定事業所における**災害の発生又
　　　は拡大の防止**のため自衛防災組織が行うべき業務に関し**必要な事項**

（7）定期報告・通報・応急措置

　定期報告・通報・応急措置について、石油コンビナート等災害防止法に次
のように定められています。

①　定期報告

　定期報告について、石油コンビナート等災害防止法に次のように定められ
ています。

（定期報告）

第二十条の二　特定事業者は、一年を下らない主務省令で**定める期間ご
　　とに**、主務省令で定めるところにより、**防災業務の実施の状況**につい
　　て市町村長等に報告しなければならない。

---

②　異常現象の通報義務

　異常現象の通報義務について、石油コンビナート等災害防止法に次のよう
に定められています。

（異常現象の通報義務）

第二十三条　特定事業所においてその事業の実施を**統括管理する者**は、
　　当該特定事業所における**出火、石油等の漏洩その他の異常な現象**の発
　　生について通報を受け、又は自ら発見したときは、**直ちに**、石油コン

ビナート等防災計画の定めるところにより、その旨を**消防署又は市町村長の指定する場所に通報**しなければならない。

③　自衛防災組織等の災害応急措置

　自衛防災組織等の災害応急措置について、石油コンビナート等災害防止法に次のように定められています。

（自衛防災組織等の災害応急措置）

第二十四条　特定事業者は、その特定事業所において前条第一項に規定する**異常な現象が発生**したときは、**直ちに**、防災規程、共同防災規程、広域共同防災規程及び石油コンビナート等防災計画の定めるところにより、当該特定事業所の自衛防災組織、共同防災組織及び広域共同防災組織に**災害の発生又は拡大の防止のために必要な措置**を行わせなければならない。

2　前項の特定事業所が所在する特別防災区域の**他の特定事業者**は、石油コンビナート等防災計画の定めるところにより、その特定事業所の**自衛防災組織を派遣する等**同項の特定事業所における**災害の拡大の防止に協力**しなければならない。

石油コンビナートは異なる事業所同士が有機的に結合しているので、災害時に、事業者同士で協力して応急措置することが求められています。

2　石油コンビナート等災害防止法関係法令

石油コンビナート等災害防止法関係法令については、次の通りです。

①　石油コンビナート等災害防止法施行令

石油コンビナート等災害防止法施行令は、次のように定められています。

> 内閣は、石油コンビナート等災害防止法（昭和五十年法律第八十四号）の規定に基づき、この政令を制定する。

②　石油コンビナート等特別防災区域を指定する政令

石油コンビナート等特別防災区域を指定する政令は、次のように定められています。

> 内閣は、石油コンビナート等災害防止法（昭和五十年法律第八十四号）第二条第二号の規定に基づき、この政令を制定する。
> 1　石油コンビナート等災害防止法第二条第二号に規定する政令で指定する区域は、別表各号に掲げる地区ごとの区域とする。
> 2　別表に規定する主務大臣は、**総務大臣及び経済産業大臣**とする。
> 3　別表各号に掲げる地区ごとの区域の表示は、平成三十一年四月一日における行政区画その他の区域、埋立地の区域、海岸線、河川又は道路若しくは鉄道その他の施設によりされるものとする。

平成３０年４月１日現在の石油コンビナート等特別防災区域は次の通りです。

図表 4-1　石油コンビナート等特別防災区域

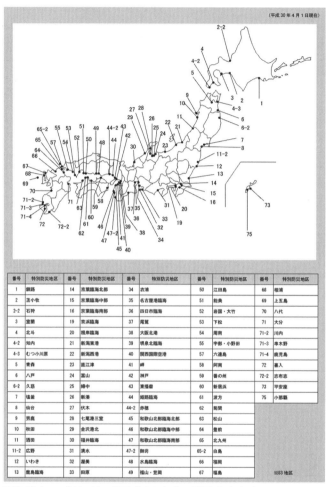

（平成 30 年 4 月 1 日現在）

番号	特別防災地区	番号	特別防災地区	番号	特別防災地区	番号	特別防災地区	番号	特別防災地区
1	釧路	14	京葉臨海北部	34	衣浦	50	江田島	68	相浦
2	苫小牧	15	京葉臨海中部	35	名古屋港臨海	51	能美	69	上五島
2-2	石狩	16	京葉臨海南部	36	四日市臨海	52	岩国・大竹	70	八代
3	室蘭	19	京浜臨海	37	尾鷲	53	下松	71	大分
4	北斗	20	根岸臨海	38	大阪北港	54	周南	71-2	川内
4-2	知内	21	新潟東港	39	堺泉北臨海	55	宇部・小野田	71-3	串木野
4-3	むつ小川原	22	新潟西港	40	関西国際空港	57	六連島	71-4	鹿児島
5	青森	23	直江津	41	岬	58	阿南	72	喜入
6	八戸	24	富山	42	神戸	59	番の州	72-2	志布志
6-2	久慈	25	婦中	43	東播磨	60	新居浜	73	平安座
7	塩釜	26	新湊	44	姫路臨海	61	波方	75	小郡暮
8	仙台	27	伏木	44-2	赤穂	62	菊間		
9	男鹿	28	七尾港三室	45	和歌山北部臨海北部	63	松山		
10	秋田	29	金沢港北	46	和歌山北部臨海中部	64	豊前		
11	酒田	30	福井臨海	47	和歌山北部臨海南部	65	北九州		
11-2	広野	31	清水	47-2	御坊	65-2	白島		
12	いわき	32	渥美	48	水島臨海	66	福岡		
13	鹿島臨海	33	田原	49	福山・笠岡	67	福島	※83 地区	

出典：総務省ウェブサイト「平成 30 年版 消防白書」（https://www.fdma.
go.jp/publication/hakusho/h30/chapter1/section3/para2/38337.html）

③　石油コンビナート等特別防災区域における新設事業所等の施設地区の配置等に関する省令

　石油コンビナート等特別防災区域における新設事業所等の施設地区の配置等に関する省令については、次のように規定されています。

石油コンビナート等災害防止法（昭和五十年法律第八十四号）第二章並びに第四十一条第一項及び第二項並びに石油コンビナート等災害防止法施行令（昭和五十一年政令第百二十九号）第三十五条の規定に基づき、並びに同章の規定を実施するため、石油コンビナート等特別防災区域における**新設事業所等の施設地区の配置**等に関する省令を次のように制定する。

④　石油コンビナート等における特定防災施設等及び防災組織等に関する省令

石油コンビナート等における特定防災施設等及び防災組織等に関する省令は、次のように定められています。

石油コンビナート等災害防止法（昭和五十年法律第八十四号）第二条第十号、第十五条、第十六条第五項、第十七条第五項〔現行＝六項＝平成一六年六月法律六五号により改正〕、第十八条第一項、第十九条第二項及び第三項並びに第四十七条並びに石油コンビナート等災害防止法施行令（昭和五十一年政令第百二十九号）第八条から第十二条まで、第十四条、第十五条第二項、第十六条第一項、第二十一条第一項〔現行＝一五条、一六条二項、一七条一項、二五条一項＝平成一七年一一月政令三五三号により改正〕及び第三十八条〔平成一一年一〇月一四日号外政令三二四号により削除〕の規定に基づき、石油コンビナート等における**特定防災施設等**及び**防災組織等**に関する省令を次のように定める。

第４章のポイント

☐　石油コンビナート等災害防止法は、消防法、高圧ガス保安法、災害対策基本法その他災害の防止に関する法律と相まって、災害の発生及び拡大の防止等のための総合的な施策の推進を図り、国民の生命、身体及び財産を保護することを目的としている。

☐　特定事業者は、特定事業所における災害の発生及び拡大の防止に関し万全の措置を講ずるとともに、その他の災害の拡大の防止に関し、他の事業者と協力し、相互に一体となって必要な措置を講ずる責務を有する。

☐　第一種事業所の新設をしようとする者は、書面で、氏名及び住所、設置の場所、新設のための工事の開始の予定日並びに当該事業所に係る事項を含む第一種事業所の新設に関する計画を主務大臣に届け出なければならない。

☐　特定事業者は、その特定事業所に、主務省令で定める基準に従って、特定防災施設等を設置し、維持しなければならない。

☐　特定事業者は、特定防災施設等を設置したときは、市町村長等に届け出て、検査を受けなければならない。

☐　特定事業者は、特定防災施設等について、定期に点検を行い、点検記録を作成し、これを保存しなければならない。

☐　特定事業者は、特定事業所ごとに、防災管理者を選任し、防災管理者は自衛防災組織を統括させなければならない。

☐　特定事業者は、自衛防災組織に、業務を行うために必要な化学消防自動車、泡放水砲、消火用薬剤、油回収船その他の機械器具、資材または設備を備え付けなければならない。

☐　特定事業者は、自衛防災組織の防災要員及び防災資機材等の現況について、市町村長等に届け出なければならない。

☐　特定事業者は、自衛防災組織が行うべき防災業務に関する事項について防災規程を定め、市町村長等に届け出なければならない。

☐　特定事業者は、１年を下らない主務省令で定める期間ごとに、防災業務の実施の状況について市町村長等に報告しなければならない。

☐　特定事業所においてその事業の実施を統括管理する者は、特定事業所における出火、石油等の漏洩その他の異常な現象の発生について通報を受け、または自ら発見したときは、直ちに、消防署または市町村長の指定する場所に通報しなければならない。

☐　特定事業者は、特定事業所において異常な現象が発生したときは、直ちに、災害の発生または拡大の防止のために必要な措置を行わせなければならない。

第5章

労働者への危害を
防止する法律

1　労働基準法

(1) 総則

労働基準法の総則として、次の事項が規定されています。

（労働条件の原則）

第一条　**労働条件**は、労働者が人たるに値する生活を営むための必要を充たすべきものでなければならない。

②　この法律で定める**労働条件の基準は最低**のものであるから、労働関係の当事者は、この基準を理由として労働条件を低下させてはならないことはもとより、その向上を図るように努めなければならない。

（労働条件の決定）

第二条　労働条件は、労働者と使用者が、**対等の立場**において決定すべきものである。

②　労働者及び使用者は、**労働協約、就業規則及び労働契約を遵守**し、誠実に各々その義務を履行しなければならない。

（均等待遇）

第三条　使用者は、労働者の国籍、信条又は社会的身分を理由として、賃金、労働時間その他の労働条件について、**差別的取扱をしてはならない**。

（男女同一賃金の原則）

第四条　使用者は、労働者が女性であることを理由として、賃金について、男性と**差別的取扱いをしてはならない**。

（強制労働の禁止）

第五条　使用者は、**暴行、脅迫、監禁その他精神又は身体の自由を不当に拘束する手段**によつて、労働者の意思に反して**労働を強制してはならない**。

（中間搾取の排除）

第六条　何人も、法律に基いて許される場合の外、業として**他人の就業に介入して利益を得てはならない。**

（公民権行使の保障）

第七条　使用者は、労働者が労働時間中に、選挙権その他**公民としての権利を行使**し、又は公の職務を執行するために必要な時間を請求した場合においては、拒んではならない。但し、権利の行使又は公の職務の執行に妨げがない限り、請求された時刻を変更することができる。

（2）危険有害業務の就業制限

　年少者、女性・妊産婦に対する危険有害業務、坑内労働の就業制限が、労働基準法に次のように定められています。

① 年少者の就業制限

（危険有害業務の就業制限）

第六十二条　使用者は、**満十八才に満たない者**に、運転中の機械若しくは動力伝導装置の危険な部分の掃除、注油、検査若しくは修繕をさせ、運転中の機械若しくは動力伝導装置にベルト若しくはロープの取付け若しくは取りはずしをさせ、動力によるクレーンの運転をさせ、その他厚生労働省令で定める**危険な業務**に就かせ、又は厚生労働省令で定める**重量物を取り扱う業務に就かせてはならない。**

② 　使用者は、**満十八才に満たない者**を、**毒劇薬、毒劇物その他有害な原料若しくは材料又は爆発性、発火性若しくは引火性の原料若しくは材料を取り扱う業務**、著しく**じんあい**若しくは**粉末を飛散**し、若しくは**有害ガス**若しくは**有害放射線を発散**する場所又は**高温**若しくは**高圧**の場所における業務その他安全、衛生又は福祉に有害な場所における**業務に就かせてはならない。**

③ 　前項に規定する業務の範囲は、厚生労働省令で定める。

（坑内労働の禁止）

第六十三条　使用者は、**満十八才に満たない者**を**坑内**で労働させてはならない。

次の年少者労働基準規則に、18歳未満の者を就かせてはならない業務として、危険物の製造、取扱いの業務等が次のように定められています。

年少者労働基準規則

（年少者の就業制限の業務の範囲）

第八条　法第六十二条第一項の厚生労働省令で定める**危険な業務**及び同条第二項の規定により**満十八歳に満たない者を就かせてはならない業務**は、次の各号に掲げるものとする。ただし、第四十一号に掲げる業務は、保健師助産師看護師法（昭和二十三年法律第二百三号）により免許を受けた者及び同法による保健師、助産師、看護師又は准看護師の養成中の者については、この限りでない。

二十九　**危険物**（労働安全衛生法施行令別表第一に掲げる爆発性の物、発火性の物、酸化性の物、引火性の物又は可燃性のガスをいう。）を**製造し、又は取り扱う業務**で、**爆発**、**発火**又は**引火**のおそれのあるもの

②　女性・妊産婦の就業制限

労働基準法

（坑内業務の就業制限）

第六十四条の二　使用者は、次の各号に掲げる**女性**を当該各号に定める業務に就かせてはならない。

　一　妊娠中の女性及び坑内で行われる業務に従事しない旨を使用者に
　　申し出た**産後一年を経過しない女性　坑内**で行われる**すべての業務**

　二　**前号に掲げる女性以外の満十八歳以上の女性　坑内**で行われる業
　　務のうち人力により行われる掘削の業務その他の**女性に有害な業務**
　　として厚生労働省令で定めるもの

（危険有害業務の就業制限）

第六十四条の三　使用者は、**妊娠中の女性及び産後一年を経過しない女
　性**（以下「**妊産婦**」という。）を、**重量物**を取り扱う業務、**有害ガス**
　を発散する場所における業務その他妊産婦の**妊娠、出産、哺育等に有
　害な業務**に就かせてはならない。

②　前項の規定は、同項に規定する業務のうち女性の妊娠又は出産に係
　る機能に有害である業務につき、厚生労働省令で、**妊産婦以外の女性**
　に関して、**準用**することができる。

③　前二項に規定する業務の範囲及びこれらの規定によりこれらの業務
　に就かせてはならない者の範囲は、厚生労働省令で定める。

　　次の女性労働基準規則に、妊娠中の女性に就かせ
　　てはならない業務が規定されています。

女性労働基準規則

（危険有害業務の就業制限の範囲等）

第二条　法第六十四条の三第一項の規定により**妊娠中の女性**を就かせて
　はならない業務は、次のとおりとする。

　十八　次の各号に掲げる**有害物を発散**する場所の区分に応じ、それぞ
　　れ当該場所において行われる当該各号に定める業務

2 労働安全衛生法

(1) 目的

労働安全衛生法の目的は、労働安全衛生法に次のように定められています。

（目的）

第一条　この法律は、労働基準法（昭和二十二年法律第四十九号）と相まって、**労働災害の防止**のための**危害防止基準の確立、責任体制の明確化**及び**自主的活動の促進**の措置を講ずる等その防止に関する総合的計画的な対策を推進することにより職場における**労働者の安全と健康を確保**するとともに、**快適な職場環境の形成**を促進することを目的とする。

(2) 労働者の危険または健康障害を防止するための措置

労働者の危険または健康障害を防止するための措置については、労働安全衛生法第四章に、次のように定められています。

① 事業者の講ずべき措置等

事業者の講ずべき措置等については、労働安全衛生法に次のように定められています。

（事業者の講ずべき措置等）

第二十条　事業者は、次の危険を防止するため必要な措置を講じなければならない。

一　機械、器具その他の設備（以下「機械等」という。）による危険

二　**爆発性の物、発火性の物、引火性の物**等による危険

三　電気、熱その他のエネルギーによる危険

②　化学物質による健康障害防止の指針

　厚生労働大臣は、化学物質による労働者の健康障害を防止するための指針を公表する旨、労働安全衛生法に次のように定められています。

（技術上の指針等の公表等）

第二十八条

3　**厚生労働大臣**は、次の化学物質で厚生労働大臣が定めるものを製造し、又は取り扱う事業者が当該**化学物質による労働者の健康障害を防止するための指針を公表**するものとする。

　　一　第五十七条の四第四項の規定による勧告又は第五十七条の五第一項の規定による指示に係る化学物質

　　二　前号に掲げる化学物質以外の化学物質で、がんその他の重度の健康障害を労働者に生ずるおそれのあるもの

③　事業者の行うべき危険性または有害性の調査

　事業者は、原材料、ガス等の危険性または有害性を調査し、結果に基づいて、労働者の危険または健康障害を防止するため必要な措置を講ずるように努めなければならない旨、労働安全衛生法に次のように定められています。

（事業者の行うべき調査等）

第二十八条の二　事業者は、厚生労働省令で定めるところにより、建設物、設備、**原材料**、**ガス**、蒸気、粉じん等による、又は作業行動その他業務に起因する**危険性又は有害性**等（第五十七条第一項の政令で定める物及び第五十七条の二第一項に規定する通知対象物による危険性又は有害性等を除く。）を**調査**し、その**結果**に基づいて、この法律又

はこれに基づく**命令の規定による措置**を講ずるほか、**労働者の危険又は健康障害を防止するため必要な措置**を講ずるように努めなければならない。ただし、当該調査のうち、化学物質、化学物質を含有する製剤その他の物で労働者の危険又は健康障害を生ずるおそれのあるものに係るもの以外のものについては、製造業その他厚生労働省令で定める業種に属する事業者に限る。

2　**厚生労働大臣**は、前条第一項及び第三項に定めるもののほか、前項の措置に関して、その適切かつ有効な実施を図るため必要な**指針を公表**するものとする。

3　**厚生労働大臣**は、前項の指針に従い、事業者又はその団体に対し、必要な**指導**、**援助**等を行うことができる。

事業者は危険性、有害性を調査し、大臣は指針の公表、指導、援助を行う旨、規定されています。

（3）危険物及び有害物に関する規制

　危険物及び有害物に関する規制は、労働安全衛生法「第五章　機械等並びに危険物及び有害物に関する規制」の「第二節　危険物及び有害物に関する規制（第五十五条―第五十八条）」に、次のように定められています。

①　製造等の禁止

　労働者に重度の健康障害を生じる危険物及び有害物の製造等については、労働安全衛生法で、原則禁止されています。

（製造等の禁止）

　第五十五条　黄りんマツチ、ベンジジン、ベンジジンを含有する製剤そ

の他の**労働者に重度の健康障害を生ずる物**で、政令で定めるものは、**製造し、輸入し、譲渡し、提供し、又は使用してはならない。**ただし、試験研究のため製造し、輸入し、又は使用する場合で、政令で定める要件に該当するときは、この限りでない。

②　製造の許可

労働者に重度の健康障害を生じるおそれのある危険物及び有害物の製造の許可については、労働安全衛生法に、次のように定められています。

（製造の許可）

第五十六条　ジクロルベンジジン、ジクロルベンジジンを含有する製剤その他の**労働者に重度の健康障害を生ずるおそれのある物**で、政令で定めるものを製造しようとする者は、厚生労働省令で定めるところにより、あらかじめ、**厚生労働大臣の許可**を受けなければならない。

2　厚生労働大臣は、前項の許可の申請があつた場合には、その申請を審査し、製造設備、作業方法等が厚生労働大臣の定める**基準に適合していると認めるときでなければ、**同項の**許可をしてはならない。**

3　第一項の許可を受けた者（以下「製造者」という。）は、その製造設備を、前項の**基準に適合するように維持**しなければならない。

4　製造者は、第二項の**基準に適合する作業方法**に従つて第一項の物を製造しなければならない。

5　**厚生労働大臣**は、製造者の製造設備又は作業方法が第二項の**基準に適合していない**と認めるときは、当該**基準に適合**するように製造設備を修理し、改造し、若しくは移転し、又は当該基準に適合する作業方法に従つて第一項の物を製造すべきことを**命ずる**ことができる。

6　**厚生労働大臣**は、製造者がこの法律若しくはこれに基づく命令の規定又はこれらの規定に基づく処分に**違反**したときは、第一項の**許可を**

101

取り消すことができる。

重度の健康障害を生じる物は製造禁止、重度の健康障害を生じるおそれのある物は大臣の許可が必要です。

③ 表示

　危険物及び有害物の表示について、労働安全衛生法に次のように定められています。

（表示等）

第五十七条　爆発性の物、発火性の物、引火性の物その他の**労働者に危険を生ずるおそれのある物**若しくはベンゼン、ベンゼンを含有する製剤その他の**労働者に健康障害を生ずるおそれのある物**で政令で定めるもの又は前条第一項の物を容器に入れ、又は包装して、**譲渡し、又は提供する者**は、厚生労働省令で定めるところにより、その**容器又は包装**（容器に入れ、かつ、包装して、譲渡し、又は提供するときにあつては、その容器）に次に掲げるものを**表示**しなければならない。ただし、その容器又は包装のうち、主として一般消費者の生活の用に供するためのものについては、この限りでない。

一　次に掲げる事項

　イ　**名称**

　ロ　**人体に及ぼす作用**

　ハ　**貯蔵又は取扱い上の注意**

　ニ　イからハまでに掲げるもののほか、厚生労働省令で定める事項

二　当該物を取り扱う労働者に注意を喚起するための標章で厚生労働大臣が定めるもの

> 2　前項の政令で定める物又は前条第一項の物を**前項に規定する方法以外の方法**により譲渡し、又は提供する者は、厚生労働省令で定めるところにより、同項各号の事項を記載した**文書**を、譲渡し、又は提供する相手方に**交付**しなければならない。

危険物、有害物の容器や包装には表示が必要です。容器や包装のない状態で提供する場合は、文書の交付が必要です。

図表 5-1　危険物及び有害物の表示の例

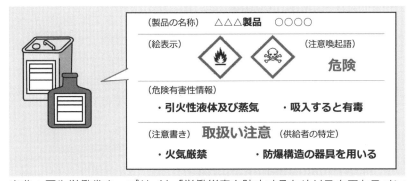

出典：厚生労働省ウェブサイト「労働災害を防止するためリスクアセスメントを実施しましょう」(https://www.mhlw.go.jp/file/06-Seisakujouhou-11300000-Roudoukijunkyokuanzeneiseibu/0000099625.pdf)

④　文書の交付

　危険物及び有害物の文書の交付について、労働安全衛生法に次のように定められています。

（文書の交付等）

第五十七条の二　**労働者に危険若しくは健康障害を生ずるおそれのある**

物で政令で定めるもの又は第五十六条第一項の物（以下この条及び次条第一項において「通知対象物」という。）を**譲渡し、又は提供する者**は、**文書の交付**その他厚生労働省令で定める方法により通知対象物に関する次の事項（前条第二項に規定する者にあつては、同項に規定する事項を除く。）を、譲渡し、又は提供する相手方に**通知**しなければならない。ただし、主として一般消費者の生活の用に供される製品として通知対象物を譲渡し、又は提供する場合については、この限りでない。

一　**名称**

二　**成分及びその含有量**

三　**物理的及び化学的性質**

四　**人体に及ぼす作用**

五　**貯蔵又は取扱い上の注意**

六　流出その他の事故が発生した場合において講ずべき**応急の措置**

七　前各号に掲げるもののほか、厚生労働省令で定める事項

2　通知対象物を譲渡し、又は提供する者は、前項の規定により通知した事項に**変更**を行う必要が生じたときは、**文書の交付**その他厚生労働省令で定める方法により、変更後の同項各号の事項を、**速やかに**、譲渡し、又は提供した相手方に**通知**するよう努めなければならない。

3　前二項に定めるもののほか、前二項の通知に関し必要な事項は、厚生労働省令で定める。

⑤　危険性・有害性の調査

　危険物及び有害物の危険性または有害性の調査について、労働安全衛生法に次のように定められています。

（第五十七条第一項の政令で定める物及び通知対象物について事業者が行うべき調査等）

第五十七条の三　事業者は、厚生労働省令で定めるところにより、第五十七条第一項の政令で定める物及び通知対象物による**危険性又は有害性等を調査**しなければならない。

2　事業者は、前項の**調査の結果**に基づいて、この**法律**又はこれに基づく**命令**の規定による**措置**を講ずるほか、**労働者の危険又は健康障害を防止するため必要な措置**を講ずるように努めなければならない。

3　**厚生労働大臣**は、第二十八条第一項及び第三項に定めるもののほか、前二項の措置に関して、その適切かつ有効な実施を図るため必要な**指針を公表**するものとする。

4　**厚生労働大臣**は、前項の指針に従い、事業者又はその団体に対し、必要な**指導、援助**等を行うことができる。

事業者は、危険物・有害物の危険性・有害性の調査を実施し、必要な措置を実施しなければなりません。

⑥　化学物質の有害性の調査

　化学物質の有害性の調査については、労働安全衛生法に次のように定められています。

（化学物質の有害性の調査）

第五十七条の四　**化学物質による労働者の健康障害を防止**するため、既存の化学物質として政令で定める化学物質（第三項の規定によりその名称が公表された化学物質を含む。）以外の化学物質（以下この条において「**新規化学物質**」という。）を**製造**し、又は**輸入**しようとする**事業者**は、あらかじめ、厚生労働省令で定めるところにより、厚生労働大臣の定める基準に従つて**有害性の調査**（当該新規化学物質が労働

者の健康に与える影響についての調査をいう。以下この条において同じ。）を行い、当該**新規化学物質の名称、有害性の調査の結果**その他の事項を**厚生労働大臣に届け出**なければならない。ただし、次の各号のいずれかに該当するときその他政令で定める場合は、この限りでない。

一　当該新規化学物質に関し、厚生労働省令で定めるところにより、当該新規化学物質について予定されている製造又は取扱いの方法等からみて**労働者が当該新規化学物質にさらされるおそれがない**旨の**厚生労働大臣の確認**を受けたとき。

二　当該新規化学物質に関し、厚生労働省令で定めるところにより、既に得られている知見等に基づき厚生労働省令で定める**有害性がない旨の厚生労働大臣の確認**を受けたとき。

三　当該新規化学物質を**試験研究**のため製造し、又は輸入しようとするとき。

四　当該新規化学物質が主として**一般消費者の生活の用に供される製品**（当該新規化学物質を含有する製品を含む。）として**輸入**される場合で、厚生労働省令で定めるとき。

2　有害性の調査を行つた事業者は、その結果に基づいて、当該新規化学物質による**労働者の健康障害を防止するため必要な措置**を速やかに講じなければならない。

3　**厚生労働大臣**は、第一項の規定による**届出**があつた場合（同項第二号の規定による確認をした場合を含む。）には、厚生労働省令で定めるところにより、当該**新規化学物質の名称を公表**するものとする。

4　**厚生労働大臣**は、第一項の規定による届出があつた場合には、厚生労働省令で定めるところにより、有害性の調査の結果について学識経験者の意見を聴き、当該届出に係る化学物質による労働者の健康障害を防止するため必要があると認めるときは、届出をした事業者に対し、施設又は設備の設置又は整備、保護具の備付けその他の**措置を講ずべきことを勧告**することができる。

5　前項の規定により有害性の調査の結果について意見を求められた学識経験者は、当該有害性の調査の結果に関して知り得た秘密を漏らしてはならない。ただし、労働者の健康障害を防止するためやむを得ないときは、この限りでない。

新規化学物質を製造、輸入しようとする事業者は有害性の調査を実施し、結果を大臣に届け出る必要があります。

第五十七条の五　**厚生労働大臣**は、**化学物質で、がんその他の重度の健康障害を労働者に生ずるおそれのあるもの**について、当該化学物質による**労働者の健康障害を防止するため**必要があると認めるときは、厚生労働省令で定めるところにより、当該化学物質を製造し、輸入し、又は使用している事業者その他厚生労働省令で定める事業者に対し、政令で定める**有害性の調査**（当該化学物質が労働者の健康障害に及ぼす影響についての調査をいう。）を行い、その**結果を報告すべきことを指示**することができる。

2　前項の規定による指示は、化学物質についての有害性の調査に関する技術水準、調査を実施する機関の整備状況、当該事業者の調査の能力等を総合的に考慮し、**厚生労働大臣の定める基準**に従つて行うものとする。

3　厚生労働大臣は、第一項の規定による指示を行おうとするときは、あらかじめ、厚生労働省令で定めるところにより、**学識経験者の意見**を聴かなければならない。

4　第一項の規定による有害性の調査を行つた事業者は、その結果に基づいて、当該化学物質による**労働者の健康障害を防止するため必要な措置**を速やかに講じなければならない。

5　第三項の規定により第一項の規定による指示について意見を求められた学識経験者は、当該指示に関して知り得た秘密を漏らしてはならない。ただし、労働者の健康障害を防止するためやむを得ないときは、この限りでない。

がんなどの重度な健康障害のおそれのある化学物質を製造、輸入、使用している事業者に対し、大臣は、有害性の調査を実施し、結果を報告するよう指示することができます。

⑦　国の援助

化学物質の有害性の調査の援助について、労働安全衛生法に次のように定められています。

（国の援助等）

第五十八条　国は、前二条の規定による有害性の調査の適切な実施に資するため、**化学物質**について、**有害性の調査**を実施する施設の整備、資料の提供その他必要な**援助**に努めるほか、**自ら有害性の調査を実施**するよう努めるものとする。

（4）化学物質等の危険性又は有害性等の表示又は通知等の促進に関する指針

化学物資による労働災害防止のため、化学物質等の危険性又は有害性等の表示又は通知等の促進に関する指針が、次のように定められています。

①　目的

化学物質等の危険性又は有害性等の表示又は通知等の促進に関する指針の

目的は次のように定められています。

(目的)

第一条　この指針は、**危険有害化学物質**等 (労働安全衛生規則 (以下「則」
　　という。) 第二十四条の十四第一項に規定する危険有害化学物質等を
　　いう。以下同じ。) 及び特定危険有害化学物質等 (則第二十四条の
　　十五第一項に規定する特定危険有害化学物質等をいう。以下同じ。)
　　の**危険性又は有害性等**についての**表示**及び**通知**に関し必要な事項を定
　　めるとともに、労働者に対する危険又は健康障害を生ずるおそれのあ
　　る物 (危険有害化学物質等並びに労働安全衛生法施行令 (昭和四十七
　　年政令第三百十八号) 第十八条各号及び同令別表第三第一号に掲げる
　　物をいう。以下「化学物質等」という。) に関する**適切な取扱いを促
　　進**し、もって化学物質等による**労働災害の防止**に資することを目的と
　　する。

---

②　規定項目

　化学物質等の危険性又は有害性等の表示又は通知等の促進に関する指針に
定められている項目は次の通りです。

- ・譲渡提供者による**表示**
- ・譲渡提供者による**通知**等
- ・事業者による**表示及び文書の作成**等
- ・**安全データシート**の掲示等

③　安全データシートの掲示

　安全データシートの掲示について、化学物質等の危険性又は有害性等の表
示又は通知等の促進に関する指針に、次のように定められています。

（安全データシートの掲示等）

第五条　事業者は、化学物質等を労働者に取り扱わせるときは、第三条第一項の規定により通知された事項又は前条第五項の規定により作成された文書に記載された事項（以下この条においてこれらの事項が記載された文書等を「**安全データシート**」という。）を、常時作業場の見やすい場所に**掲示**し、又は**備え付ける**等の方法により**労働者に周知**するものとする。

２　事業者は、労働安全衛生法（第四項において「法」という。）第二十八条の二第一項又は第五十七条の三第一項の**調査**を実施するに当たっては、**安全データシートを活用**するものとする。

３　事業者は、化学物質等を取り扱う労働者について当該化学物質等による労働災害を防止するための**教育**その他の**措置**を講ずるに当たっては、安全データシートを活用するものとする。

４　法第十七条第一項の安全委員会、法第十八条第一項の衛生委員会又は法第十九条第一項の安全衛生委員会（以下この項において「委員会」という。）を設置する事業者は、当該事業場において取り扱う化学物質等の**危険性又は有害性その他の性質**等について、事業者、労働者その他の**関係者の理解を深める**とともに、化学物質等に関する適切な取扱いを行わせるための方策に関し、委員会に調査審議させ、及び事業者に対し意見を述べさせるものとする。

安全データシートとは、化学物質を譲渡または提供する際に、物理化学的性質や危険性・有害性及び取扱いに関する情報を相手方に提供するための文書です。安全データシートはSafety　Data　Sheet：ＳＤＳともいいます。

図表 5-2　SDS の記載項目

1	化学品及び会社情報	9	物理的及び化学的性質
2	危険有害性の要約	10	安定性及び反応性
3	組成及び成分情報	11	有害性情報
4	応急措置	12	環境影響情報
5	火災時の措置	13	廃棄上の注意
6	漏出時の措置	14	輸送上の注意
7	取扱い及び保管上の注意	15	適用法令
8	ばく露防止及び保護措置	16	その他の情報

3 ボイラー及び圧力容器安全規則

ボイラー及び圧力容器安全規則については、同規則の序文に、次のように記されています。

労働安全衛生法（昭和四十七年法律第五十七号）及び労働安全衛生法施行令（昭和四十七年政令第三百十八号）の規定に基づき、並びに同法を実施するため、ボイラー及び圧力容器安全規則を次のように定める。

（1）製造許可と使用制限

ボイラーの製造許可と使用制限については、次の通りです。

① 製造許可

ボイラーの製造には許可が必要で、次のように規定されています。

（製造許可）

第三条　**ボイラーを製造しようとする者**は、製造しようとするボイラーについて、あらかじめ、その事業場の所在地を管轄する**都道府県労働局長**（以下「所轄都道府県労働局長」という。）**の許可**を受けなければならない。ただし、既に当該許可を受けているボイラーと型式が同一であるボイラー（以下「許可型式ボイラー」という。）については、この限りでない。

ボイラーとは、大気圧以上の圧力を有する容器内で、水を加熱して、蒸気または温水を製造するもので、一定規模以上のものをいいます。

112

②　使用制限

ボイラーの使用制限については、次のように規定されています。

（使用の制限）

第二十六条　事業者は、ボイラーについては、法第三十七条第二項の厚
　　生労働大臣　定める**基準**（ボイラーの構造に係る部分に限る。）**に適
　　合するものでなければ、使用してはならない。**

---

(2) 構造検査、溶接検査

　ボイラーを製造した者、ボイラーの溶接をしようとする者は、それぞれ構
造検査、溶接検査を受ける旨、次のように規定されています。

（構造検査）

第五条　**ボイラーを製造した者**は、法第三十八条第一項の規定により、
　　同項の**登録製造時等検査機関**（以下「登録製造時等検査機関」という。）
　　の**検査**を受けなければならない。

（溶接検査）

第七条　溶接による**ボイラーの溶接をしようとする者**は、法第三十八条
　　第一項の規定により、**登録製造時等検査機関の検査**を受けなければな
　　らない。ただし、当該ボイラーが附属設備（過熱器及び節炭器に限る。
　　以下この章において同じ。）若しくは圧縮応力以外の応力を生じない
　　部分のみが溶接によるボイラー又は**貫流ボイラー**（気水分離器を有す
　　るものを除く。）である場合は、**この限りでない。**

貫流ボイラーとは、水がパイプを貫いて流れる間に加熱される構造のボイラーです。

(3) 設置届

ボイラー設置届について、次のように規定されています。

（設置届）

第十条　事業者は、**ボイラー**（移動式ボイラーを除く。）**を設置しようとするとき**は、法第八十八条第一項の規定により、**ボイラー設置届**（様式第十一号）にボイラー明細書（様式第三号）及び次の事項を記載した書面を添えて、その事業場の所在地を管轄する**労働基準監督署長**（以下「所轄労働基準監督署長」という。）に**提出**しなければならない。

ボイラーを設置しようとする者は、労働基準監督署長にボイラー設置届を提出する必要があります。

(4) 使用検査、落成検査

使用検査、落成検査に関する事項は、次のように規定されています。

（使用検査）

第十二条　次の者は、法第三十八条第一項の規定により、**登録製造時等検査機関**の**検査**を受けなければならない。

一　ボイラーを**輸入**した者

二　構造検査又はこの項の検査を受けた後**一年以上**（設置しない期間の保管状況が良好であると都道府県労働局長が認めたボイラーについては二年以上）**設置されなかつたボイラーを設置しようとする者**

三　使用を**廃止**したボイラーを**再び設置し、又は使用**しようとする者

（落成検査）

第十四条　**ボイラー**（移動式ボイラーを除く。）を**設置した者**は、法第三十八条第三項の規定により、当該ボイラー及び当該ボイラーに係る次の事項について、所轄**労働基準監督署長の検査**を受けなければならない。ただし、所轄労働基準監督署長が当該検査の必要がないと認めたボイラーについては、この限りでない。

ボイラーを輸入、再設置、再使用する者は、検査機関の使用検査を受ける必要があります。
また、ボイラーを設置した者は、労働基準監督署長の検査を受ける必要があります。

(5) ボイラー検査証と性能検査

ボイラー検査証、性能検査に関する事項は、次のように規定されています。

（ボイラー検査証）

第十五条　所轄**労働基準監督署長**は、**落成検査に合格**したボイラー又は前条第一項ただし書のボイラーについて、**ボイラー検査証**（様式第六号）を**交付**する。

（ボイラー検査証の有効期間）

第三十七条　ボイラー検査証の**有効期間**は、**一年**とする。

2　前項の規定にかかわらず、構造検査又は使用検査を受けた後設置されていない移動式ボイラーであつて、その間の保管状況が良好であると都道府県労働局長が認めたものについては、当該移動式ボイラーの

検査証の有効期間を構造検査又は使用検査の日から起算して二年を超えず、かつ、当該移動式ボイラーを設置した日から起算して一年を超えない範囲内で延長することができる。

（性能検査等）

第三十八条　ボイラー検査証の**有効期間の更新を受けようとする者**は、当該検査証に係るボイラー及び第十四条第一項各号に掲げる事項について、法第四十一条第二項の**性能検査**（以下「性能検査」という。）を受けなければならない。

2　法第四十一条第二項の**登録性能検査機関**（以下「登録性能検査機関」という。）は、前項の性能検査に合格したボイラーについて、そのボイラー検査証の**有効期間を更新**するものとする。この場合において、性能検査の結果により一年未満又は一年を超え二年以内の期間を定めて有効期間を更新することができる。

落成検査に合格するとボイラー検査証が交付されます。以降、ボイラーの使用を継続する場合、検査証の有効期間を更新するために性能検査を受ける必要があります。

(6) 変更届、変更検査

ボイラー変更届、変更検査に関する事項は、次のように規定されています。

（変更届）

第四十一条　事業者は、ボイラーについて、次の各号のいずれかに掲げる部分又は設備を**変更しようとするとき**は、法第八十八条第一項の規定により、**ボイラー変更届**（様式第二十号）にボイラー検査証及びその変更の内容を示す書面を添えて、所轄**労働基準監督署長に提出**しなければならない。

（変更検査）

第四十二条　ボイラーについて前条各号のいずれかに掲げる部分又は設備に**変更を加えた者**は、法第三十八条第三項の規定により、当該ボイラーについて所轄**労働基準監督署長の検査**を受けなければならない。ただし、所轄労働基準監督署長が当該検査の必要がないと認めたボイラーについては、この限りでない。

ボイラーを変更しようとする者は、労働基準監督署長にボイラー変更届を提出し、変更検査を受ける必要があります。

（7）休止と使用再開検査

ボイラーの休止と使用再開検査について、次のように規定されています。

（休止）

第四十五条　ボイラーを設置している者が**ボイラーの使用を休止しようとする場合**において、その休止しようとする期間がボイラー検査証の有効期間を経過した後にわたるときは、当該ボイラー検査証の有効期間中にその旨を所轄**労働基準監督署長に報告**しなければならない。ただし、認定を受けた事業者については、この限りでない。

（使用再開検査）

第四十六条　**使用を休止したボイラーを再び使用しようとする者**は、法第三十八条第三項の規定により、当該ボイラーについて所轄**労働基準監督署長の検査**を受けなければならない。

ボイラーを休止しようとする者は、労働基準監督署長に報告し、使用再開する場合は労働基準監督署長の検査を受ける必要があります。

（8）就業制限とボイラー取扱作業主任者の選任

就業制限とボイラー取扱作業主任者の選任について、次のように規定されています。

① 就業制限

（就業制限）

第二十三条　事業者は、令第二十条第三号の業務については、特級ボイラー技士免許、一級ボイラー技士免許又は二級ボイラー技士**免許を受けた者**（以下「**ボイラー技士**」という。）でなければ、当該**業務につかせてはならない**。ただし、安衛則第四十二条に規定する場合は、この限りでない。

2　事業者は、前項本文の規定にかかわらず、令第二十条第五号イからニまでに掲げるボイラーの取扱いの業務については、**ボイラー取扱技能講習を修了した者**を当該業務に就かせることができる。

（就業制限）

第三十五条　事業者は、令第二十条第五号の業務のうち**ボイラーの整備の業務**については、**ボイラー整備士免許を受けた者**（以下「ボイラー整備士」という。）でなければ、当該業務に**つかせてはならない**。

ボイラーの取扱いはボイラー技士等、ボイラーの整備はボイラー整備士でなければ就くことができません。

②　ボイラー取扱作業主任者の選任

（ボイラー取扱作業主任者の選任）

第二十四条　事業者は、令第六条第四号の作業については、次の各号に掲げる作業の区分に応じ、当該各号に掲げる者のうちから、**ボイラー取扱作業主任者を選任**しなければならない。

一　取り扱うボイラーの伝熱面積の合計が五百平方メートル以上の場合（貫流ボイラーのみを取り扱う場合を除く。）における当該ボイラーの取扱いの作業　**特級ボイラー技士免許を受けた者**（以下「特級ボイラー技士」という。）

二　取り扱うボイラーの伝熱面積の合計が二十五平方メートル以上五百平方メートル未満の場合（貫流ボイラーのみを取り扱う場合において、その伝熱面積の合計が五百平方メートル以上のときを含む。）における当該ボイラーの取扱いの作業　**特級ボイラー技士又は一級ボイラー技士免許を受けた者**（以下「一級ボイラー技士」という。）

三　取り扱うボイラーの伝熱面積の合計が二十五平方メートル未満の場合における当該ボイラーの取扱いの作業　**特級ボイラー技士、一級ボイラー技士又は二級ボイラー技士免許を受けた者**（以下「二級ボイラー技士」という。）

四　令第二十条第五号イからニまでに掲げるボイラーのみを取り扱う場合における当該ボイラーの取扱いの作業　**特級ボイラー技士、一級ボイラー技士、二級ボイラー技士又はボイラー取扱技能講習を修**

了した者

事業者は区分に応じ、ボイラー技士等からボイラー取扱作業主任者を選任する必要があります。

(9) 定期自主検査と補修

定期自主検査と補修について、次のように規定されています。

（定期自主検査）

第三十二条　事業者は、ボイラーについて、その**使用を開始した後、一月以内ごとに一回、定期**に、次の表の上欄に掲げる項目ごとにそれぞれ同表の下欄に掲げる事項について**自主検査**を行なわなければならない。ただし、一月をこえる期間使用しないボイラーの当該使用しない期間においては、この限りでない。

2　事業者は、前項ただし書のボイラーについては、その**使用を再び開始する際**に、同項の表の上欄に掲げる項目ごとにそれぞれ同表の下欄に掲げる事項について**自主検査**を行なわなければならない。

3　事業者は、前二項の自主検査を行なつたときは、その**結果を記録**し、これを**三年間保存**しなければならない。

（補修等）

第三十三条　事業者は、前条第一項又は第二項の**自主検査**を行なつた場合において、**異状**を認めたときは、**補修**その他の**必要な措置**を講じなければならない。

事業者は定期自主検査を実施し、異状を認めたら補修をする必要があります。

(10) 第一種圧力容器

　貯湯タンクなど内部に圧力を有する状態で使用する密閉容器のうち、一定規模以上のものを**第一種圧力容器**といい、労働安全衛生法施行令に定義されています。

　第一種圧力容器についても、ボイラーと同様に、ボイラー及び圧力容器安全規則により、**作業主任者の選任、定期自主検査の実施、検査証・性能検査の受検**などの事項が義務づけられています。

第5章のポイント

☐ 使用者は、満18歳に満たない者に、危険な業務に就かせ、または重量物を取り扱う業務に就かせてはならない。

☐ 事業者は、危険を防止するため必要な措置を講じなければならない。

☐ 事業者は、建設物、設備、原材料、ガス、蒸気、粉じん等による、または作業行動その他業務に起因する危険性または有害性等を調査し、その結果に基づいて、規定による措置を講ずるほか、労働者の危険または健康障害を防止するため必要な措置を講ずるように努めなければならない。

☐ 黄りんマッチ、ベンジジン、ベンジジンを含有する製剤その他の労働者に重度の健康障害を生ずる物は、製造し、輸入し、譲渡し、提供し、または使用してはならない。

☐ ジクロルベンジジン、ジクロルベンジジンを含有する製剤その他の労働者に重度の健康障害を生ずるおそれのある物で、政令で定めるものを製造しようとする者は、あらかじめ、厚生労働大臣の許可を受けなければならない。

☐ 爆発性の物、発火性の物、引火性の物その他の労働者に危険を生ずるおそれのある物、労働者に健康障害を生ずるおそれのある物を、容器に入れ、または包装して、譲渡し、または提供する者は、容器または包装に、人体に及ぼす作用、貯蔵または取扱い上の注意等の表示をしなければならない。

☐ 労働者に危険若しくは健康障害を生ずるおそれのある物等の通知対象物を譲渡し、または提供する者は、文書の交付等の方法により通知対象物に関する事項を、相手方に通知しなければならない。

☐ 化学物質による労働者の健康障害を防止するため、新規化学物質を製造し、または輸入しようとする事業者は、あらかじめ、有害性の調査を行い、結果その他の事項を厚生労働大臣に届け出なければならない。

☐ 事業者は、化学物質等を労働者に取り扱わせるときは、安全データシートを、常時作業場の見やすい場所に掲示し、または備え付ける等の方法により労働者に周知するものとする。

☐ ボイラーを製造しようとする者は、都道府県労働局長の許可を受けなければならない。

☐ ボイラー検査証を更新しようとする者は、性能検査を受けなければならない。

☐ ボイラーの取扱いはボイラー技士等、ボイラーの整備はボイラー整備士でなければ就くことができない。

☐ 事業者は、ボイラー技士等からボイラー取扱作業主任者を選任する必要がある。

☐ 事業者は、ボイラーについて、定期自主検査を実施し、異状を認めたら補修をする必要がある。

第6章

その他危険物に関する法律

1　建築基準法

(1) 目的

建築基準法の目的は、建築基準法第 1 条に、次の事項が定められています。

（目的）

第一条　この法律は、**建築物**の敷地、構造、設備及び用途に関する**最低の基準**を定めて、**国民の生命、健康及び財産の保護**を図り、もつて**公共の福祉**の増進に資することを目的とする。

---

(2) 用語の定義

危険物に関係する建築基準法上の主な用語の定義は次の通りです。

（用語の定義）

第二条　この法律において次の各号に掲げる用語の意義は、それぞれ当該各号に定めるところによる。

二　特殊建築物　学校（専修学校及び各種学校を含む。以下同様とする。）、体育館、病院、劇場、観覧場、集会場、展示場、百貨店、市場、ダンスホール、遊技場、公衆浴場、旅館、共同住宅、寄宿舎、下宿、工場、倉庫、自動車車庫、**危険物の貯蔵場**、と畜場、火葬場、汚物処理場その他これらに類する用途に供する建築物をいう。

七　**耐火構造**　壁、柱、床その他の建築物の部分の構造のうち、耐火性能（通常の火災が終了するまでの間当該火災による建築物の倒壊及び延焼を防止するために当該建築物の部分に必要とされる性能をいう。）に関して政令で定める技術的基準に適合する**鉄筋コンクリート造**、**れんが造その他の構造**で、国土交通大臣が定めた構造方法を用いるもの又は国土交通大臣の認定を受けたものをいう。

九の二　**耐火建築物**　次に掲げる基準に適合する建築物をいう。

イ　その主要構造部が(1)又は(2)のいずれかに該当すること。

(1)　**耐火構造**であること。

(2)　次に掲げる性能（外壁以外の主要構造部にあつては、(i)に掲げる性能に限る。）に関して政令で定める技術的基準に適合するものであること。

(i)　当該建築物の構造、建築設備及び用途に応じて**屋内**において発生が予測される**火災による火熱に当該火災が終了するまで耐える**こと。

(ii)　当該建築物の**周囲**において発生する通常の**火災による火熱に当該火災が終了するまで耐える**こと。

ロ　その**外壁の開口部**で延焼のおそれのある部分に、**防火戸**その他の政令で定める**防火設備**（その構造が遮炎性能（通常の火災時における火炎を有効に遮るために防火設備に必要とされる性能をいう。第二十七条第一項において同じ。）に関して政令で定める技術的基準に適合するもので、国土交通大臣が定めた構造方法を用いるもの又は国土交通大臣の認定を受けたものに限る。）を有すること。

危険物の貯蔵場は、特殊建築物に該当します。後述しますが、危険物の貯蔵場は耐火建築物等とする必要があります。耐火建築物とは、鉄筋コンクリート造などの耐火構造の建築物をいいます。

（3）耐火建築物等としなければならない特殊建築物

耐火建築物等としなければならない特殊建築物は建築基準法第27条に定められています。

（耐火建築物等としなければならない特殊建築物）

第二十七条　次の各号のいずれかに該当する特殊建築物は、その主要構造部を当該特殊建築物に存する者の全てが当該特殊建築物から地上までの避難を終了するまでの間通常の火災による建築物の倒壊及び延焼を防止するために**主要構造部に必要とされる性能に関して政令で定める技術的基準に適合**するもので、**国土交通大臣が定めた構造方法**を用いるもの又は**国土交通大臣の認定**を受けたものとし、かつ、その外壁の開口部であつて建築物の他の部分から当該開口部へ延焼するおそれがあるものとして政令で定めるものに、**防火戸その他の政令で定める防火設備**（その構造が遮炎性能に関して政令で定める技術的基準に適合するもので、国土交通大臣が定めた構造方法を用いるもの又は国土交通大臣の認定を受けたものに限る。）を設けなければならない。

3　次の各号のいずれかに該当する特殊建築物は、**耐火建築物又は準耐火建築物**（別表第一（い）欄（六）項に掲げる用途に供するものにあつては、第二条第九号の三ロに該当する準耐火建築物のうち政令で定めるものを除く。）としなければならない。

　一　別表第一（い）欄（五）項又は（六）項に掲げる用途に供するもので、その用途に供する部分の床面積の合計が同表（に）欄の当該各項に該当するもの

　二　別表第二（と）項第四号に規定する**危険物**（安全上及び防火上支障がないものとして政令で定めるものを除く。以下この号において同じ。）**の貯蔵場又は処理場**の用途に供するもの（貯蔵又は処理に係る危険物の数量が政令で定める限度を超えないものを除く。）

政令で定める限度を超える数量の危険物の貯蔵場は、耐火建築物等とする必要があります。

（4）用途地域

　用途地域とは、住居環境の保護や事業活動の促進を図るために、地域の建築用途を規制するべく指定する地域です。用途地域ごとに建築できる建物の用途等が定められています。用途地域は次の通りです。

①　住居系用途地域

- ・第一種低層住居専用地域
- ・第二種低層住居専用地域
- ・第一種中高層住居専用地域
- ・第二種中高層住居専用地域
- ・第一種住居地域
- ・第二種住居地域
- ・準住居地域
- ・田園住居地域

②　商業系用途地域

- ・近隣商業地域
- ・商業地域

③　工業系用途地域

- ・準工業地域
- ・工業地域
- ・工業専用地域

（5）用途地域等内の建築物の制限

　用途地域等内の建築物の制限については、建築基準法の別表第2に定められています。用途地域等内の建築物の制限のうち、「危険物の貯蔵又は処理に供するもの」に関する事項は、次の通りです。

図表 6-1　用途地域等内の建築物の制限

（い）	**第一種低層住居専用地域**内に建築することができる建築物	※**危険物の貯蔵又は処理に供するもの**は定められていない。
（ろ）	**第二種低層住居専用地域**内に建築することができる建築物	※**危険物の貯蔵又は処理に供するもの**は定められていない。
（は）	**第一種中高層住居専用地域**内に建築することができる建築物	※**危険物の貯蔵又は処理に供するもの**は定められていない。
（に）	**第二種中高層住居専用地域**内に建築してはならない建築物	一　（ほ）項第二号及び第三号、（へ）項第三号から第五号まで、**（と）項第四号**並びに（り）項第二号及び第三号に掲げるもの ※（と）項第四号は、**危険物の貯蔵又は処理に供するもの**で政令で定めるものである。
（ほ）	**第一種住居地域**内に建築してはならない建築物	四　**（は）項に掲げる建築物以外**の建築物の用途に供するものでその用途に供する部分の床面積の合計が**三千平方メートルを超えるもの**（政令で定めるものを除く。） ※床面積 3,000㎡を超える**危険物の貯蔵又は処理に供するもの**は規制の対象となる。
（へ）	**第二種住居地域**内に建築してはならない建築物	一　**（と）項**第三号及び**第四号**並びに（り）項に掲げるもの ※（と）項第四号は、**危険物の貯蔵又は処理に供するもの**で政令で定めるものである
（と）	**準住居地域**内に建築してはならない建築物	四　（る）項第一号（一）から（三）まで、（十一）又は（十二）の物品（（ぬ）項第四号及び（る）項第二号において「**危険物**」という。）の貯蔵又は処理に供するもので政令で定めるもの

（ち）	田園住居地域内に建築することができる建築物	※**危険物の貯蔵又は処理に供するもの**は定められていない。
（り）	近隣商業地域内に建築してはならない建築物	一　**（ぬ）項**に掲げるもの ※（ぬ）項に掲げるものには、**危険物の貯蔵又は処理に供するもの**で政令で定めるものがある。
（ぬ）	商業地域内に建築してはならない建築物	四　**危険物の貯蔵又は処理に供するもの**で政令で定めるもの
（る）	準工業地域内に建築してはならない建築物	二　**危険物の貯蔵又は処理に供するもの**で政令で定めるもの
（を）	工業地域内に建築してはならない建築物	※**危険物の貯蔵又は処理に供するもの**は定められていない。
（わ）	工業専用地域内に建築してはならない建築物	※**危険物の貯蔵又は処理に供するもの**は定められていない。
（か）	用途地域の指定のない区域（都市計画法第七条第一項に規定する市街化調整区域を除く。）内に建築してはならない建築物	劇場、映画館、演芸場若しくは観覧場、ナイトクラブその他これに類する用途で政令で定めるもの又は店舗、飲食店、展示場、遊技場、勝馬投票券発売所、場外車券売場その他これらに類する用途で政令で定めるものに供する建築物でその用途に供する部分（劇場、映画館、演芸場又は観覧場の用途に供する部分にあつては、客席の部分に限る。）の床面積の合計が**一万平方メートルを超えるもの**

政令で定める限度を超える数量の危険物の貯蔵場の建築は、原則、工業地域、工業専用地域に制限されています。

(6) 政令で定める危険物の数量

　政令で定める危険物の数量については、建築基準法施行令に次のように定められています。

①　耐火建築物等としなければならない特殊建築物における危険物の数量

　建築基準法第27条「耐火建築物等としなければならない特殊建築物」における政令で定める危険物の限度については、建築基準法施行令第116条に次のように定められています。

（危険物の数量）

第百十六条　法第二十七条第三項第二号の規定により**政令で定める危険物の数量の限度**は、次の表に定めるところによるものとする。

---

②　危険物の貯蔵又は処理に供する建築物における危険物の数量

　建築基準法別表第二の用途制限における政令で定める「危険物の貯蔵又は処理に供する建築物」における危険物の数量は、建築基準法施行令第130条の9に、次のように定められています。

（危険物の貯蔵又は処理に供する建築物）

第百三十条の九　**法別表第二（と）項第四号、（ぬ）項第四号及び（る）項第二号**（法第八十七条第二項又は第三項において法第四十八条第七項、第十項及び第十一項の規定を準用する場合を含む。）の規定により**政令で定める危険物の貯蔵又は処理に供する建築物**は、次の表に定める**数量を超える危険物**（同表に数量の定めのない場合にあつてはその数量を問わないものとし、圧縮ガス又は液化ガスを燃料電池又は内燃機関の燃料として用いる自動車にこれらのガスを充填するための設

備（安全上及び防火上支障がないものとして国土交通大臣が定める基準に適合するものに限る。）により貯蔵し、又は処理される**圧縮ガス**及び**液化ガス**、地下貯蔵槽により貯蔵される**第一石油類**（消防法別表第一の備考十二に規定する第一石油類をいう。以下この項において同じ。）、**アルコール類**（同表の備考十三に規定するアルコール類をいう。）、**第二石油類**（同表の備考十四に規定する第二石油類をいう。以下この項において同じ。）、**第三石油類**（同表の備考十五に規定する第三石油類をいう。以下この項において同じ。）及び**第四石油類**（同表の備考十六に規定する第四石油類をいう。以下この項において同じ。）並びに国土交通大臣が安全上及び防火上支障がない構造と認めて指定する蓄電池により貯蔵される硫黄及びナトリウムを除く。）の**貯蔵又は処理に供する建築物**とする。

用途地域に関する政令で定める危険物の数量は、準住居、商業、準工業の用途地域ごと、火薬、石油などの危険物の種類ごとに定められています。

2 都市計画法

（1）目的

都市計画法の目的は、都市計画法に次のように定められています。

（目的）

第一条　この法律は、都市計画の内容及びその決定手続、都市計画制限、都市計画事業その他都市計画に関し必要な事項を定めることにより、**都市の健全な発展と秩序ある整備**を図り、もつて国土の均衡ある発展と公共の福祉の増進に寄与することを目的とする。

（2）用途地域

用途地域は、都市計画法に次のように定められています。

第九条　**第一種低層住居専用地域**は、低層住宅に係る良好な住居の環境を保護するため定める地域とする。

2　**第二種低層住居専用地域**は、主として低層住宅に係る良好な住居の環境を保護するため定める地域とする。

3　**第一種中高層住居専用地域**は、中高層住宅に係る良好な住居の環境を保護するため定める地域とする。

4　**第二種中高層住居専用地域**は、主として中高層住宅に係る良好な住居の環境を保護するため定める地域とする。

5　**第一種住居地域**は、住居の環境を保護するため定める地域とする。

6　**第二種住居地域**は、主として住居の環境を保護するため定める地域とする。

7　**準住居地域**は、道路の沿道としての地域の特性にふさわしい業務の利便の増進を図りつつ、これと調和した住居の環境を保護するため定

める地域とする。

8　**田園住居地域**は、農業の利便の増進を図りつつ、これと調和した低層住宅に係る良好な住居の環境を保護するため定める地域とする。

9　**近隣商業地域**は、近隣の住宅地の住民に対する日用品の供給を行うことを主たる内容とする商業その他の業務の利便を増進するため定める地域とする。

10　**商業地域**は、主として商業その他の業務の利便を増進するため定める地域とする。

11　**準工業地域**は、主として環境の悪化をもたらすおそれのない工業の利便を増進するため定める地域とする。

12　**工業地域**は、主として工業の利便を増進するため定める地域とする。

13　**工業専用地域**は、工業の利便を増進するため定める地域とする。

3 ガス事業法

(1) 目的

ガス事業法の目的は、ガス事業法に次のように定められています。

（目的）

第一条　この法律は、ガス事業の運営を調整することによつて、**ガスの使用者の利益を保護**し、及び**ガス事業の健全な発達**を図るとともに、**ガス工作物の工事、維持及び運用**並びに**ガス用品の製造及び販売**を**規制**することによつて、**公共の安全**を確保し、あわせて**公害の防止**を図ることを目的とする。

---

(2) 定義

ガス事業について、ガス事業法に次のように定められています。

（定義）

第二条

2　この法律において「**ガス小売事業**」とは、**小売供給**を行う事業（一般ガス導管事業、特定ガス導管事業及びガス製造事業に該当する部分を除く。）をいう。

5　この法律において「**一般ガス導管事業**」とは、**自らが維持し、及び運用する導管**によりその供給区域において託送供給を行う事業（ガス製造事業に該当する部分及び経済産業省令で定める要件に該当する導管により供給するものを除く。）をいい、当該導管によりその供給区域における**一般の需要**（ガス小売事業者から小売供給を受けているものを除く。）に応ずるガスの供給を保障するための小売供給（以下「最終保障供給」という。）を行う事業（ガス製造事業に該当する部分を

除く。）を含むものとする。

7　この法律において「**特定ガス導管事業**」とは、**自らが維持し、及び運用する導管**により特定の供給地点において**託送供給**を行う事業（ガス製造事業に該当する部分及び経済産業省令で定める要件に該当する導管により供給するものを除く。）をいう。

9　この法律において「**ガス製造事業**」とは、**自らが維持し、及び運用する液化ガス貯蔵設備等**を用いて**ガスを製造**する事業であつて、その事業の用に供する液化ガス貯蔵設備が経済産業省令で定める要件に該当するものをいう。

ガス事業には、「ガス小売事業」「一般ガス導管事業」「特定ガス導管事業」「ガス製造事業」があります。

（3）ガス事業の登録・許可・届出

　ガス事業の登録・許可・届出については、ガス事業法に次のように定められています。

①　ガス小売事業の登録

（事業の登録）

第三条　**ガス小売事業**を営もうとする者は、**経済産業大臣の登録**を受けなければならない。

② 一般ガス導管事業の許可

（事業の許可）

第三十五条 **一般ガス導管事業**を営もうとする者は、**経済産業大臣の許可**を受けなければならない。

③ 特定ガス導管事業の届出

（事業の届出）

第七十二条 **特定ガス導管事業**（一般ガス導管事業者がその一般ガス導管事業の用に供する導管と接続して行うものを除く。以下この節において同じ。）を営もうとする者は、経済産業省令で定めるところにより、次に掲げる事項を**経済産業大臣に届け出**なければならない。

④ ガス製造事業の届出

（事業の届出）

第八十六条 **ガス製造事業**を営もうとする者は、経済産業省令で定めるところにより、次に掲げる事項を**経済産業大臣に届け出**なければならない。

（4）ガス工作物の維持

ガス工作物の維持については、ガス事業法に次のように定められています。

①　ガス小売事業

（ガス工作物の維持等）

第二十一条　ガス小売事業者は、**ガス小売事業の用に供するガス工作物**を経済産業省令で定める**技術上の基準に適合するように維持**しなければならない。

②　一般用ガス導管事業

（ガス工作物の維持等）

第六十一条　一般ガス導管事業者は、**一般ガス導管事業の用に供するガス工作物**を経済産業省令で定める**技術上の基準に適合するように維持**しなければならない。

③　特定ガス導管事業

第八十四条　**第六十一条**、第六十四条から第六十九条まで及び第七十一条の規定は、特定ガス導管事業者に**準用**する。

④　ガス製造事業

第九十六条　ガス製造事業者は、**ガス製造事業の用に供するガス工作物**を経済産業省令で定める**技術上の基準に適合するように維持**しなければならない。

(5) 保安規程

　ガス事業法では、保安のためのルールである保安規程を定め、経済産業大臣に届け出る旨、ガス事業法に次のように定められています。

① 　ガス小売事業

（保安規程）

第二十四条　ガス小売事業者は、**ガス小売事業の用に供するガス工作物の工事、維持及び運用に関する保安**を確保するため、経済産業省令で定めるところにより、**保安規程**を定め、事業（第三十三条第一項の自主検査を伴うものにあつては、その工事）の開始前に、**経済産業大臣に届け出**なければならない。

② 　一般ガス導管事業

（保安規程）

第六十四条　一般ガス導管事業者は、**一般ガス導管事業の用に供するガス工作物の工事、維持及び運用に関する保安**を確保するため、経済産業省令で定めるところにより、**保安規程**を定め、事業（第六十九条第一項の自主検査を伴うものにあつては、その工事）の開始前に、**経済産業大臣に届け出**なければならない。

③ 　特定ガス導管事業

第八十四条　第六十一条、**第六十四条**から第六十九条まで及び第七十一条の規定は、特定ガス導管事業者に**準用**する。

④　ガス製造事業

（保安規程）

第九十七条　ガス製造事業者は、**ガス製造事業の用に供するガス工作物の工事、維持及び運用に関する保安**を確保するため、経済産業省令で定めるところにより、**保安規程**を定め、事業（第百二条第一項の自主検査を伴うものにあつては、その工事）の開始前に、**経済産業大臣に届け出**なければならない。

(6) ガス主任技術者

　ガス主任技術者を選任し、経済産業大臣に届け出る旨、ガス事業法に次のように定められています。

①　ガス小売事業

（ガス主任技術者）

第二十五条　ガス小売事業者は、経済産業省令で定めるところにより、ガス主任技術者免状の交付を受けている者であつて、経済産業省令で定める実務の経験を有するもののうちから、**ガス主任技術者を選任**し、**ガス小売事業の用に供するガス工作物の工事、維持及び運用に関する保安の監督**をさせなければならない。

2　ガス小売事業者は、前項の規定によりガス主任技術者を選任したときは、遅滞なく、その旨を**経済産業大臣に届け出**なければならない。これを解任したときも、同様とする。

②　一般ガス導管事業

（ガス主任技術者）

第六十五条　一般ガス導管事業者は、経済産業省令で定めるところにより、ガス主任技術者免状の交付を受けている者であつて、経済産業省令で定める実務の経験を有するもののうちから、**ガス主任技術者を選任し**、**一般ガス導管事業の用に供するガス工作物**の**工事、維持及び運用に関する保安の監督**をさせなければならない。

2　一般ガス導管事業者は、前項の規定によりガス主任技術者を選任したときは、遅滞なく、その旨を**経済産業大臣に届け出**なければならない。これを解任したときも、同様とする。

③　特定ガス導管事業

第八十四条　第六十一条、**第六十四条から第六十九条**まで及び第七十一条の規定は、特定ガス導管事業者に**準用**する。

④　ガス製造事業

（ガス主任技術者）

第九十八条　ガス製造事業者は、経済産業省令で定めるところにより、ガス主任技術者免状の交付を受けている者であつて、経済産業省令で定める実務の経験を有するもののうちから、**ガス主任技術者を選任**し、**ガス製造事業の用に供するガス工作物**の**工事、維持及び運用に関する保安の監督**をさせなければならない。

2　ガス製造事業者は、前項の規定によりガス主任技術者を選任したときは、遅滞なく、その旨を**経済産業大臣に届け出**なければならない。

これを解任したときも、同様とする。

(7) 工事計画

　ガス事業者は、ガス工作物の設置または変更の工事について、省令で定めるものをしようとするときは、工事計画を経済産業大臣に届け出なければならない旨、ガス事業法に次のように定められています。

①　ガス小売事業

（工事計画）

第三十二条　ガス小売事業者は、**ガス小売事業の用に供するガス工作物の設置又は変更の工事**であつて、経済産業**省令で定めるもの**をしようとするときは、その**工事の計画を経済産業大臣に届け出**なければならない。ただし、ガス工作物が滅失し、若しくは損壊した場合又は災害その他非常の場合において、やむを得ない一時的な工事としてするときは、この限りでない。

②　一般ガス導管事業

（工事計画）

第六十八条　一般ガス導管事業者は、**一般ガス導管事業の用に供するガス工作物の設置又は変更の工事**であつて、経済産業**省令で定めるもの**をしようとするときは、その**工事の計画を経済産業大臣に届け出**なければならない。ただし、ガス工作物が滅失し、若しくは損壊した場合又は災害その他非常の場合において、やむを得ない一時的な工事としてするときは、この限りでない。

③ 特定ガス導管事業

第八十四条　第六十一条、**第六十四条から第六十九条**まで及び第七十一
条の規定は、特定ガス導管事業者に**準用**する。

④ ガス製造事業

（工事計画）

第百一条　ガス製造事業者は、**ガス製造事業の用に供するガス工作物の
設置又は変更の工事**であつて、経済産業**省令で定めるもの**をしようと
するときは、その**工事の計画を経済産業大臣に届け出**なければならな
い。ただし、ガス工作物が滅失し、若しくは損壊した場合又は災害そ
の他非常の場合において、やむを得ない一時的な工事としてするとき
は、この限りでない。

(8) 使用前検査

　ガス工作物の工事計画の届出が必要な工事をしたときに必要な使用前検査
について、ガス事業法に次のように定められています。

① ガス小売事業

（使用前検査）

第三十三条　ガス小売事業者は、前条第一項又は第二項の規定による**届
出をして設置又は変更の工事をするガス工作物**（その工事の計画につ
いて、同条第五項の規定による命令があつた場合において同条第一項
又は第二項の規定による届出をしていないものを除く。）であつて、
経済産業省令で定めるものの工事について**自主検査**を行い、その結果

が次項各号に適合していることについて経済産業省令で定めるところ
により**経済産業大臣の登録を受けた者が行う検査**（同条第六項の規定
によりその工事の工程における検査を受けるべきことを命ぜられた場
合には、その検査を含む。）を受け、これに**合格した後でなければ、
これを使用してはならない。**ただし、経済産業省令で定める場合は、
この限りでない。

②　一般ガス導管事業

（使用前検査）
第六十九条　一般ガス導管事業者は、前条第一項又は第二項の規定によ
　る**届出をして設置又は変更の工事をするガス工作物**（その工事の計画
　について、同条第五項の規定による命令があつた場合において同条第
　一項又は第二項の規定による届出をしていないものを除く。）であつ
　て、経済産業省令で定めるものの工事について**自主検査**を行い、その
　結果が次項各号に適合していることについて経済産業省令で定めると
　ころにより**経済産業大臣の登録を受けた者が行う検査**（同条第六項の
　規定によりその工事の工程における検査を受けるべきことを命ぜられ
　た場合には、その検査を含む。）を受け、これに**合格した後でなければ、
　これを使用してはならない。**ただし、経済産業省令で定める場合は、
　この限りでない。

③　特定ガス導管事業

第八十四条　第六十一条、第六十四条から**第六十九条**まで及び第七十一
　条の規定は、特定ガス導管事業者に**準用**する。

④　ガス製造事業

（使用前検査）

第百二条　ガス製造事業者は、前条第一項又は第二項の規定による**届出をして設置又は変更の工事をするガス工作物**（その工事の計画について、同条第五項の規定による命令があつた場合において同条第一項又は第二項の規定による届出をしていないものを除く。）であつて、経済産業省令で定めるものの工事について**自主検査**を行い、その結果が次項各号に適合していることについて経済産業省令で定めるところにより**経済産業大臣の登録を受けた者が行う検査**（同条第六項の規定によりその工事の工程における検査を受けるべきことを命ぜられた場合には、その検査を含む。）を受け、これに**合格した後でなければ、これを使用してはならない**。ただし、経済産業省令で定める場合は、この限りでない。

(9)　定期自主検査

　ガス工作物の定期自主検査について、ガス事業法に次のように定められています。

① 　ガス小売事業

（定期自主検査）

第三十四条　ガス小売事業者は、**ガス小売事業の用に供するガス工作物**であつて経済産業省令で定めるものについては、経済産業省令で定めるところにより、**定期に、自主検査を行い、その検査記録を作成し、これを保存**しなければならない。

② 一般ガス導管事業

（定期自主検査）

第七十一条　一般ガス導管事業者は、**一般ガス導管事業の用に供するガス工作物**であつて経済産業省令で定めるものについては、経済産業省令で定めるところにより、**定期に、自主検査を行い、その検査記録を作成し、これを保存**しなければならない。

③ 特定ガス導管事業

第八十四条　第六十一条、第六十四条から第六十九条まで及び**第七十一条**の規定は、特定ガス導管事業者に**準用**する。

④ ガス製造事業

（定期自主検査）

第百四条　ガス製造事業者は、**ガス製造事業の用に供するガス工作物**であつて経済産業省令で定めるものについては、経済産業省令で定めるところにより、**定期に、自主検査を行い、その検査記録を作成し、これを保存**しなければならない。

ガス事業法には、ガス小売事業、一般ガス導管事業、特定ガス導管事業、ガス製造事業に対して、ガス工作物の維持・保安規程・ガス主任技術者・工事計画・使用前検査・定期自主検査などが定められています。

4 毒物及び劇物取締法

(1) 目的

毒物及び劇物取締法の目的は、次のように定められています。

（目的）

第一条　この法律は、**毒物及び劇物**について、**保健衛生上の見地**から**必要な取締**を行うことを目的とする。

---

(2) 定義

毒物、劇物などについて、毒物及び劇物取締役法に次のように定められています。

（定義）

第二条　この法律で「**毒物**」とは、別表第一に掲げる物であつて、医薬品及び医薬部外品以外のものをいう。

2　この法律で「**劇物**」とは、別表第二に掲げる物であつて、医薬品及び医薬部外品以外のものをいう。

3　この法律で「**特定毒物**」とは、毒物であつて、別表第三に掲げるものをいう。

毒物も劇物も人体に有害な物質ですが、毒物の方が劇物よりも毒性が高いです。

(3) 禁止規定

登録を受けずに毒物・劇物を製造、輸入、販売することを禁止する旨、毒物及び劇物取締法に次のように定められています。

（禁止規定）

第三条　**毒物又は劇物の製造業の登録**を受けた者でなければ、毒物又は劇物を販売又は授与の目的で**製造してはならない。**

2　**毒物又は劇物の輸入業の登録**を受けた者でなければ、毒物又は劇物を販売又は授与の目的で**輸入してはならない。**

3　**毒物又は劇物の販売業の登録**を受けた者でなければ、毒物又は劇物を**販売**し、**授与**し、又は販売若しくは授与の目的で**貯蔵し、運搬し、若しくは陳列してはならない。**但し、毒物又は劇物の製造業者又は輸入業者が、その製造し、又は輸入した毒物又は劇物を、他の毒物又は劇物の製造業者、輸入業者又は販売業者（以下「毒物劇物営業者」という。）に販売し、授与し、又はこれらの目的で貯蔵し、運搬し、若しくは陳列するときは、この限りでない。

---

(4) 営業の登録

毒物・劇物の製造業、輸入業、販売業の登録に関する事項は、毒物及び劇物取締法に次のように定められています。

（営業の登録）

第四条　**毒物又は劇物の製造業、輸入業又は販売業の登録**は、**製造所、営業所又は店舗ごと**に、その製造所、営業所又は店舗の所在地の**都道府県知事**（販売業にあつてはその店舗の所在地が、地域保健法（昭和二十二年法律第百一号）第五条第一項の政令で定める市（以下「保健所を設置する市」という。）又は特別区の区域にある場合においては、市長又は区長。次項、第五条、第七条第三項、第十条第一項及び第

十九条第一項から第三項までにおいて同じ。）が行う。

2　**毒物又は劇物の製造業、輸入業又は販売業の登録を受けようとする者**は、製造業者にあつては製造所、輸入業者にあつては営業所、販売業者にあつては店舗ごとに、その製造所、営業所又は店舗の所在地の**都道府県知事に申請書**を出さなければならない。

3　**製造業又は輸入業の登録**は、**五年**ごとに、**販売業の登録**は、**六年**ごとに、**更新**を受けなければ、その効力を失う。

営業の登録は製造所、営業所、店舗ごと、登録の更新は製造・輸入は5年ごと、販売業の登録は6年ごとです。

(5) 毒物劇物取扱責任者

　毒物劇物取扱責任者に関する事項は、毒物及び劇物取締法に次のように定められています。

（毒物劇物取扱責任者）

第七条　毒物劇物営業者は、毒物又は劇物を直接に取り扱う**製造所、営業所又は店舗ごと**に、専任の**毒物劇物取扱責任者を置き**、毒物又は劇物による**保健衛生上の危害の防止**に当たらせなければならない。ただし、自ら毒物劇物取扱責任者として毒物又は劇物による保健衛生上の危害の防止に当たる製造所、営業所又は店舗については、この限りでない。

2　毒物劇物営業者が毒物若しくは劇物の製造業、輸入業若しくは販売業のうち二以上を併せて営む場合において、その製造所、営業所若しくは店舗が**互いに隣接**しているとき、又は**同一店舗**において毒物若しくは劇物の**販売業を二以上併せて営む場合**には、毒物劇物取扱責任者

は、前項の規定にかかわらず、これらの施設を通じて**一人**で足りる。

3　毒物劇物営業者は、**毒物劇物取扱責任者を置いたときは、三十日以内**に、その製造所、営業所又は店舗の所在地の**都道府県知事**にその毒物劇物取扱責任者の氏名を**届け出**なければならない。毒物劇物取扱責任者を変更したときも、同様とする。

毒物劇物営業者は、製造所、営業所、店舗ごとに、保健衛生上の危害防止のため毒物劇物取扱責任者を置き、30日以内に都道府県知事に届け出なければなりません。

(6) 毒物または劇物の取扱い

毒物または劇物の取扱いについては、毒物及び劇物取締法に次のように定められています。

（毒物又は劇物の取扱）

第十一条　毒物劇物営業者及び特定毒物研究者は、**毒物又は劇物が盗難にあい、又は紛失することを防ぐのに必要な措置**を講じなければならない。

2　毒物劇物営業者及び特定毒物研究者は、毒物若しくは劇物又は毒物若しくは劇物を含有する物であつて政令で定めるものがその製造所、営業所若しくは店舗又は研究所の**外に飛散し、漏れ、流れ出、若しくはしみ出、又はこれらの施設の地下にしみ込むことを防ぐのに必要な措置**を講じなければならない。

3　毒物劇物営業者及び特定毒物研究者は、その製造所、営業所若しくは店舗又は研究所の外において毒物若しくは劇物又は前項の政令で定める物を**運搬**する場合には、これらの物が**飛散し、漏れ、流れ出、又はしみ出ることを防ぐのに必要な措置**を講じなければならない。

4　毒物劇物営業者及び特定毒物研究者は、毒物又は厚生労働省令で定める劇物については、その**容器**として、**飲食物の容器として通常使用される物を使用してはならない。**

誤飲防止のため、毒物・劇物の容器として、飲食物の容器を使用してはならないと定められています。

(7) 毒物または劇物の表示

　毒物または劇物の表示については、毒物及び劇物取締法に次のように定められています。

（毒物又は劇物の表示）

第十二条　毒物劇物営業者及び特定毒物研究者は、毒物又は劇物の容器及び被包に、「**医薬用外**」の文字及び毒物については赤地に白色をもつて「**毒物**」の文字、劇物については白地に赤色をもつて「**劇物**」の文字を**表示しなければならない。**

2　毒物劇物営業者は、その容器及び被包に、左に掲げる事項を**表示しなければ、毒物又は劇物を販売し、又は授与してはならない。**

一　毒物又は劇物の**名称**

二　毒物又は劇物の**成分及びその含量**

三　厚生労働省令で定める毒物又は劇物については、それぞれ厚生労働省令で定めるその**解毒剤の名称**

四　毒物又は劇物の**取扱及び使用上特に必要**と認めて、厚生労働省令で定める事項

3　毒物劇物営業者及び特定毒物研究者は、毒物又は劇物を貯蔵し、又は陳列する場所に、「**医薬用外**」の文字及び毒物については「**毒物**」、

劇物については「**劇物**」の文字を**表示しなければならない。**

（8）毒物または劇物の譲渡・交付

　毒物または劇物の譲渡・交付については、毒物及び劇物取締法に次のように定められています。

①　毒物または劇物の譲渡

（毒物又は劇物の譲渡手続）

第十四条　毒物劇物営業者は、**毒物又は劇物**を他の毒物劇物営業者に**販売し、又は授与**したときは、その都度、次に掲げる事項を**書面に記載**しておかなければならない。

一　毒物又は劇物の**名称及び数量**

二　販売又は授与の**年月日**

三　**譲受人の氏名、職業及び住所**（法人にあつては、その名称及び主たる事務所の所在地）

2　毒物劇物営業者は、譲受人から前項各号に掲げる事項を記載し、厚生労働省令で定めるところにより作成した**書面の提出を受けなければ、毒物又は劇物を毒物劇物営業者以外の者に販売し、又は授与してはならない。**

3　前項の毒物劇物営業者は、同項の規定による書面の提出に代えて、政令で定めるところにより、当該譲受人の承諾を得て、当該書面に記載すべき事項について**電子情報処理組織を使用する方法**その他の**情報通信の技術を利用する方法**であつて厚生労働省令で定めるものにより提供を受けることができる。この場合において、当該毒物劇物営業者は、当該**書面の提出を受けたもの**とみなす。

4　毒物劇物営業者は、販売又は授与の日から**五年間**、第一項及び第二項の**書面**並びに前項前段に規定する方法が行われる場合に当該方法に

おいて作られる**電磁的記録**（電子的方式、磁気的方式その他人の知覚によつては認識することができない方式で作られる記録であつて電子計算機による情報処理の用に供されるものとして厚生労働省令で定めるものをいう。）を**保存しなければならない。**

② 毒物または劇物の交付

（毒物又は劇物の交付の制限等）

第十五条　毒物劇物営業者は、**毒物又は劇物**を次に掲げる者に**交付してはならない。**

　一　**十八歳未満**の者

　二　**心身の障害**により毒物又は劇物による保健衛生上の危害の防止の措置を適正に行うことができない者として厚生労働省令で定めるもの

　三　麻薬、大麻、あへん又は覚せい剤の**中毒者**

2　毒物劇物営業者は、厚生労働省令の定めるところにより、その**交付を受ける者の氏名及び住所を確認**した後でなければ、第三条の四に規定する政令で定める物を**交付してはならない。**

3　毒物劇物営業者は、**帳簿**を備え、前項の確認をしたときは、厚生労働省令の定めるところにより、その確認に関する事項を**記載**しなければならない。

4　毒物劇物営業者は、前項の**帳簿**を、最終の記載をした日から**五年間、保存**しなければならない。

毒物劇物営業者は譲受人から書面の提出を受けなければ、毒物・劇物を販売、授与してはなりません。また、18歳未満の者などには、毒物・劇物を交付してはなりません。

(9) 廃棄・運搬・事故時の措置

　毒物・劇物の廃棄・運搬・事故時の措置に関する事項については、毒物及び劇物取締法に次のように定められています。

①　毒物・劇物の廃棄

（廃棄）

第十五条の二　**毒物若しくは劇物**又は第十一条第二項に規定する政令で定める物は、廃棄の方法について政令で定める**技術上の基準に従わなければ、廃棄してはならない。**

②　毒物・劇物の運搬

（運搬等についての技術上の基準等）

第十六条　保健衛生上の危害を防止するため必要があるときは、政令で、**毒物又は劇物の運搬、貯蔵その他の取扱**について、**技術上の基準を定めることができる。**

2　**保健衛生上の危害を防止するため特に必要**があるときは、政令で、次に掲げる事項を定めることができる。

　一　特定毒物が附着している物又は特定毒物を含有する物の**取扱に関する技術上の基準**

　二　特定毒物を含有する物の製造業者又は輸入業者が一定の品質又は着色の基準に適合するものでなければ、**特定毒物を含有する物を販売し、又は授与してはならない旨**

　三　特定毒物を含有する物の製造業者、輸入業者又は販売業者が**特定毒物を含有する物を販売し、又は授与**する場合には、**一定の表示をしなければならない旨**

③　事故時の措置

（事故の際の措置）

第十七条　毒物劇物営業者及び特定毒物研究者は、その取扱いに係る毒物若しくは劇物又は第十一条第二項の政令で定める物が**飛散し、漏れ、流れ出し、染み出し、又は地下に染み込んだ場合**において、不特定又は多数の者について**保健衛生上の危害が生ずるおそれ**があるときは、**直ちに**、その旨を**保健所、警察署又は消防機関に届け出る**とともに、保健衛生上の危害を防止するために**必要な応急の措置**を講じなければならない。

2　毒物劇物営業者及び特定毒物研究者は、その取扱いに係る毒物又は劇物が**盗難にあい、又は紛失**したときは、**直ちに**、その旨を**警察署に届け出**なければならない。

毒物・劇物の廃棄や運搬、貯蔵その他取扱いの技術上の基準は、毒物及び劇物取締法施行令や毒物及び劇物取締法施行規則などに定められています。

（10）立入検査と登録の取消し

　都道府県知事による立入検査と登録の取消しについては、毒物及び劇物取締法に次のように定められています。

①　都道府県知事による立入検査

（立入検査等）

第十八条　**都道府県知事**は、**保健衛生上必要がある**と認めるときは、毒物劇物営業者若しくは特定毒物研究者から必要な報告を徴し、又は薬事

監視員のうちからあらかじめ指定する者に、これらの者の製造所、営業所、店舗、研究所その他業務上**毒物若しくは劇物を取り扱う場所に立ち入り**、帳簿その他の物件を**検査**させ、関係者に**質問**させ、若しくは**試験のため**必要な最小限度の分量に限り、毒物、劇物、第十一条第二項の政令で定める物若しくはその疑いのある物を**収去**させることができる。

②　都道府県知事による登録の取消し

（登録の取消等）

第十九条　**都道府県知事**は、**毒物劇物営業者の有する設備**が第五条の厚生労働省令で定める**基準に適合しなくなつたと認めるとき**は、相当の期間を定めて、その設備を当該**基準に適合させるために必要な措置**をとるべき旨を**命ずることができる**。

2　前項の命令を受けた者が、その**指定された期間内に必要な措置をとらないとき**は、都道府県知事は、その者の**登録を取り消さなければならない**。

3　**都道府県知事**は、毒物若しくは劇物の製造業、輸入業若しくは販売業の**毒物劇物取扱責任者**に**この法律に違反する行為**があつたとき、又はその者が毒物劇物取扱責任者として**不適当であると認める**ときは、その毒物劇物営業者に対して、**毒物劇物取扱責任者の変更を命ずることができる**。

4　**都道府県知事**は、**毒物劇物営業者又は特定毒物研究者**にこの**法律又は**これに基づく**処分に違反する行為**があつたとき（特定毒物研究者については、第六条の二第三項第一号から第三号までに該当するに至つたときを含む。）は、その**営業の登録**若しくは**特定毒物研究者の許可**を**取り消し**、又は期間を定めて、業務の**全部若しくは一部の停止を命ずることができる**。

5　**厚生労働大臣**は、保健衛生上の危害の発生又は拡大を防止するため

緊急時において必要があると認めるときは、**都道府県知事**に対し、前各項の規定による**処分**（指定都市の長に対しては、前項の規定による処分に限る。）を**行うよう指示をすることができる。**

都道府県知事は、毒物劇物営業者の設備が基準に適合しない場合は必要な措置をとるよう命じることができ、必要な措置をとらないときは、登録を取り消さなければなりません。

（11）業務上取扱者の届出等

シアン化ナトリウムなどの業務上取扱者の届出等については、毒物及び劇物取締法に次のように定められています。

① 業務上取扱者の届出等

（業務上取扱者の届出等）

第二十二条　**政令で定める事業**を行う者であつてその業務上**シアン化ナトリウム**又は**政令で定めるその他の毒物若しくは劇物**を**取り扱うもの**は、**事業場ごと**に、その業務上これらの毒物又は劇物を取り扱うこととなつた日から**三十日以内**に、厚生労働省令で定めるところにより、次に掲げる事項を、その事業場の所在地の**都道府県知事**（その事業場の所在地が保健所を設置する市又は特別区の区域にある場合においては、市長又は区長。第三項において同じ。）に**届け出**なければならない。

一　**氏名又は住所**（法人にあつては、その名称及び主たる事務所の所在地）

二　シアン化ナトリウム又は政令で定めるその他の毒物若しくは劇物のうち取り扱う**毒物又は劇物の品目**

三　事業場の**所在地**

四　その他厚生労働**省令で定める**事項

都道府県知事に届出が必要な事業及び毒物・劇物
は、毒物及び劇物取締法施行令に、次のように定
められています。

②　政令で定める事業、毒物・劇物

（業務上取扱者の届出）

第四十一条　法第二十二条第一項に規定する政令で定める事業は、次の
とおりとする。

　一　**電気めつき**を行う事業

　二　**金属熱処理**を行う事業

　三　最大積載量が五千キログラム以上の自動車若しくは被牽引自動車
（以下「大型自動車」という。）に固定された容器を用い、又は内容
積が厚生労働省令で定める量以上の容器を大型自動車に積載して行
う**毒物又は劇物の運送**の事業

　四　**しろありの防除**を行う事業

第四十二条　法第二十二条第一項に規定する政令で定める毒物又は劇物
は、次の各号に掲げる事業にあつては、それぞれ当該各号に定める物
とする。

　一　前条第一号及び第二号に掲げる事業　**無機シアン化物**たる毒物
及びこれを含有する製剤

　二　前条第三号に掲げる事業　別表第二に掲げる物

　三　前条第四号に掲げる事業　**砒素化物**たる毒物及びこれを含有す
る製剤

5　化学物質の審査及び製造等の規制に関する法律

(1) 目的

　化学物質の審査及び製造等の規制に関する法律（以下、化審法）の目的は、次のように定められています。

（目的）

第一条　この法律は、人の健康を損なうおそれ又は動植物の生息若しくは生育に支障を及ぼすおそれがある**化学物質による環境の汚染を防止**するため、新規の化学物質の**製造又は輸入に際し事前**にその化学物質の性状に関して**審査する制度**を設けるとともに、その有する性状等に応じ、化学物質の**製造、輸入、使用**等について必要な**規制**を行うことを目的とする。

(2) 新規化学物質

　化審法で定義される**新規化学物質**とは、**公示等された化学物質、第一種特定化学物質、第二種特定化学物質、優先評価化学物質以外**の化学物質をいいます。新規化学物質に関する事項は、化審法に次のように定められています。

①　定義

（定義等）

第二条

6　この法律において「**新規化学物質**」とは、**次に掲げる化学物質以外の化学物質**をいう。

　一　第四条第五項（第五条第九項において読み替えて準用する場合及び第七条第二項において準用する場合を含む。）の規定により厚生

労働大臣、経済産業大臣及び環境大臣が公示した化学物質

二　第一種特定化学物質

三　第二種特定化学物質

四　優先評価化学物質（第十一条（第二号ニに係る部分に限る。）の規定により指定を取り消されたものを含む。）

五　附則第二条第四項の規定により通商産業大臣が公示した同条第一項に規定する既存化学物質名簿に記載されている化学物質（前各号に掲げるものを除く。）

六　附則第四条の規定により厚生労働大臣、経済産業大臣及び環境大臣が公示した同条に規定する表に記載されている化学物質（前各号に掲げるものを除く。）

②　製造等の届出

（製造等の届出）

第三条　**新規化学物質を製造し、又は輸入しようとする者**は、**あらかじめ**、厚生労働省令、経済産業省令、環境省令で定めるところにより、その新規化学物質の名称その他の厚生労働省令、経済産業省令、環境省令で定める事項を**厚生労働大臣、経済産業大臣及び環境大臣に届け出**なければならない。ただし、次の各号のいずれかに該当するときは、この限りでない。

（3）一般化学物質

化審法で定義される**一般化学物質**とは、**公示等されている化学物質**のうち、**優先評価化学物質、監視化学物質、第一種特定化学物質及び第二種特定化学物質を除く**、化学物質をいいます。一般化学物質に関する事項は、化審法に次のように定められています。

① 定義

② 製造数量等の届出

（4）優先評価化学物質

　優先評価化学物質とは、被害を生ずるおそれがないと認められないものであるため、**評を優先的に行う必要があると認められる化学物質**として**厚生労働大臣、経済産業大臣及び環境大臣が指定**するものをいいます。優先評価化学物質に関する事項は、化審法に次のように定められています。

① 定義

（定義等）

第二条

5 この法律において「優先評価化学物質」とは、その化学物質に関して得られている知見からみて、当該化学物質が第三項各号のいずれにも該当しないことが明らかであると認められず、かつ、その知見及びその製造、輸入等の状況からみて、**当該化学物質が環境において相当程度残留**しているか、又はその状況に至る見込みがあると認められる化学物質であつて、当該化学物質による環境の汚染により人の健康に係る被害又は生活環境動植物の生息若しくは生育に係る**被害を生ずるおそれがないと認められないもの**であるため、その性状に関する情報を収集し、及びその使用等の状況を把握することにより、そのおそれがあるものであるかどうかについての**評価を優先的に行う必要がある**と認められる化学物質として**厚生労働大臣、経済産業大臣及び環境大臣が指定**するものをいう。

② 製造数量等の届出

（製造数量等の届出）

第九条 **優先評価化学物質**（第二条第三項各号のいずれかに該当することにより第二種特定化学物質として指定されているものを除く。以下この条、第十二条及び第四十一条において同じ。）を**製造し、又は輸入した者**は、経済産業省令で定めるところにより、優先評価化学物質ごとに、**毎年度、前年度の優先評価化学物質の製造数量又は輸入数量**その他経済産業省令で定める事項を**経済産業大臣に届け出**なければならない。ただし、次の各号のいずれかに該当するときは、この限りでない。

(5) 監視化学物質

　監視化学物質とは、**環境や健康への影響が明らかでないため、厚生労働大臣、経済産業大臣、環境大臣が指定**する化学物質をいいます。監視化学物質に関する事項は、化審法に次のように定められています。

① 定義

（定義等）

第二条

4　この法律において「**監視化学物質**」とは、次の各号のいずれかに該当する化学物質（新規化学物質を除く。）で**厚生労働大臣、経済産業大臣及び環境大臣が指定**するものをいう。

　一　第二項第一号イに該当するものであり、かつ、同号ロに該当するかどうか**明らかでないもの**であること。

　二　当該化学物質が自然的作用による化学的変化を生じやすいものである場合には、**自然的作用による化学的変化により生成する化学物質**（元素を含む。）が前号に該当するものであること。

② 製造数量等の届出

（製造数量等の届出）

第十三条　**監視化学物質を製造し、又は輸入した者**は、経済産業省令で定めるところにより、監視化学物質ごとに、**毎年度、前年度の製造数量又は輸入数量**その他経済産業省令で定める事項を**経済産業大臣に届け出**なければならない。ただし、試験研究のため監視化学物質を製造し、又は輸入したときは、この限りでない。

（6）第一種特定化学物質

　第一種化学物質とは、自然的作用による化学的変化を生じにくく、かつ、生物の体内に蓄積されやすく、**継続的に摂取**される場合には、**人の健康を損なうおそれがある**等の化学物質をいいます。第一種特定化学物質に関する事項は、化審法に次のように定められています。

①　定義

（定義等）

第二条

2　この法律において「第一種特定化学物質」とは、次の各号のいずれかに該当する化学物質で政令で定めるものをいう。

　一　イ及びロに該当するものであること。

　　イ　**自然的作用による化学的変化を生じにくい**ものであり、かつ、**生物の体内に蓄積されやすい**ものであること。

　　ロ　次のいずれかに該当するものであること。

　　　⑴　**継続的に摂取**される場合には、**人の健康を損なう**おそれがあるものであること。

　　　⑵　**継続的に摂取される場合**には、高次捕食動物（生活環境動植物（その生息又は生育に支障を生ずる場合には、人の生活環境の保全上支障を生ずるおそれがある動植物をいう。以下同じ。）に該当する動物のうち、**食物連鎖を通じて**イに該当する化学物質を最もその**体内に蓄積しやすい**状況にあるものをいう。以下同じ。）の生息又は生育に支障を及ぼすおそれがあるものであること。

　二　当該化学物質が自然的作用による化学的変化を生じやすいものである場合には、自然的作用による化学的変化により生成する化学物質（元素を含む。）が前号イ及びロに該当するものであること。

---

②　製造の許可

（製造の許可）

第十七条　**第一種特定化学物質の製造の事業を営もうとする者**は、第一種特定化学物質及び事業所ごとに、**経済産業大臣の許可**を受けなければならない。

2　前項の**許可を受けようとする者**は、次の事項を記載した**申請書を経済産業大臣に提出**しなければならない。

　　一　氏名又は名称及び住所並びに法人にあつては、その代表者の氏名

　　二　事業所の所在地

　　三　第一種特定化学物質の名称

　　四　製造設備の構造及び能力

3　経済産業大臣は、第一項の許可をしたときは、遅滞なく、その旨を環境大臣に通知するものとする。

第十八条　前条第一項の**許可を受けた者でなければ、第一種特定化学物質を製造してはならない**。ただし、試験研究のため第一種特定化学物質を製造するときは、この限りでない。

③　輸入の許可

（輸入の許可）

第二十二条　**第一種特定化学物質を輸入しようとする者**は、**経済産業大臣の許可**を受けなければならない。ただし、試験研究のため第一種特定化学物質を輸入しようとするときは、この限りでない。

2　前項の**許可を受けようとする者**は、次の事項を記載した**申請書を経済産業大臣に提出**しなければならない。

　　一　氏名又は名称及び住所並びに法人にあつては、その代表者の氏名

　　二　第一種特定化学物質の名称

三　輸入数量

3　第十七条第三項の規定は、第一項の許可に準用する。

④　輸入の制限

（製品の輸入の制限）

第二十四条　**何人も**、政令で定める製品で第一種特定化学物質が使用されているもの（以下「**第一種特定化学物質使用製品**」という。）を**輸入してはならない。**

2　前項の政令は、第一種特定化学物質ごとに、海外における当該第一種特定化学物質の使用の事情等を考慮して定めるものとする。

⑤　使用の制限

（使用の制限）

第二十五条　**何人も**、次に掲げる要件に適合するものとして第一種特定化学物質ごとに政令で定める**用途以外の用途に第一種特定化学物質を使用してはならない。**ただし、試験研究のため第一種特定化学物質を使用するときは、この限りでない。

⑥　使用の届出

（使用の届出）

第二十六条　**第一種特定化学物質を業として使用しようとする者**は、事業所ごとに、**あらかじめ**、次の事項を**主務大臣に届け出**なければならない。ただし、試験研究のため第一種特定化学物質を業として使用し

ようとするときは、この限りでない。

　一　氏名又は名称及び住所並びに法人にあつては、その代表者の氏名

　二　事業所の所在地

　三　第一種特定化学物質の名称及びその用途

2　前項の届出をした者（以下「**届出使用者**」という。）は、同項各号の事項に**変更**があつたときは、遅滞なく、その旨を**主務大臣に届け出**なければならない。

3　第十七条第三項の規定は、前二項の届出について準用する。

⑦　技術基準適合義務

（基準適合義務）

第二十八条　**許可製造業者**は、その**製造設備**を第二十条第二号の厚生労働省令、経済産業省令、環境省令で定める**技術上の基準に適合するように維持**しなければならない。

2　許可製造業者、業として第一種特定化学物質又は政令で定める製品で第一種特定化学物質が使用されているもの（以下「第一種特定化学物質等」という。）を使用する者その他の業として第一種特定化学物質等を取り扱う者（以下「第一種特定化学物質等取扱事業者」という。）は、**第一種特定化学物質等を取り扱う**場合においては、主務省令で定める**技術上の基準に従つてしなければならない**。

⑧　表示

（表示等）

第二十九条

2　第一種特定化学物質等取扱事業者は、**第一種特定化学物質等を譲渡**

し、又は提供するときは、厚生労働省令、経済産業省令、環境省令で
定めるところにより、前項の規定により告示されたところに従つて**表
示**をしなければならない。

⑨　帳簿

（帳簿）

第三十一条　**許可製造業者**は、**帳簿**を備え、第一種特定化学物質の製造
について経済産業省令で定める事項を**記載**しなければならない。

2　前項の帳簿は、経済産業省令で定めるところにより、**保存**しなけれ
ばならない。

3　前二項の規定は、届出使用者に準用する。この場合において、これ
らの規定中「経済産業省令」とあるのは、「主務省令」と読み替える
ものとする。

⑩　廃止の届出

（廃止の届出）

第三十二条　**許可製造業者又は届出使用者**は、その**事業を廃止**したとき
は、**遅滞なく**、その旨を、許可製造業者にあつては**経済産業大臣**に、
届出使用者にあつては**主務大臣に届け出**なければならない。

2　許可製造業者がその事業を廃止したときは、許可は、その効力を失う。

3　第十七条第三項の規定は、第一項の届出について準用する。この場
合において、同条第三項中「経済産業大臣」とあるのは、「経済産業
大臣又は主務大臣」と読み替えるものとする。

第一種特定化学物質の主な規制は、以下の通りです。
・製造の許可
・輸入の許可、制限
・使用の制限、届出
・技術基準適合義務
・表示
・帳簿の備付、記載、保存
・廃止の届出

（7）第二種特定化学物質

　第二種特定化学物質とは、相当広範な地域の環境において相当程度残留している等、**人の健康または生活環境動植物**に**被害を生ずるおそれ**があると認められる化学物質をいいます。第二種特定化学物質に関する事項は、化審法に次のように定められています。

①　定義

（定義等）

第二条

3　この法律において「**第二種特定化学物質**」とは、次の各号のいずれかに該当し、かつ、その有する性状及びその製造、輸入、使用等の状況からみて**相当広範な地域**の環境において当該化学物質が**相当程度残留**しているか、又は近くその状況に至ることが確実であると見込まれることにより、**人の健康**に係る被害又は**生活環境動植物**の生息若しくは生育に係る**被害を生ずるおそれがある**と認められる化学物質で政令で定めるものをいう。

一　イ又はロのいずれかに該当するものであること。

　イ　**継続的に摂取**される場合には**人の健康**を**損なうおそれがある**もの（前項第一号に該当するものを除く。）であること。

　ロ　当該化学物質が自然的作用による化学的変化を生じやすいもの

である場合には、**自然的作用による化学的変化により生成する化学物質**（元素を含む。）がイに該当するもの（自然的作用による化学的変化を生じにくいものに限る。）であること。

二　イ又はロのいずれかに該当するものであること。

イ　**継続的に摂取**され、又はこれにさらされる場合には**生活環境動植物**の生息又は生育に**支障を及ぼすおそれがある**もの（前項第一号に該当するものを除く。）であること。

ロ　当該化学物質が自然的作用による化学的変化を生じやすいものである場合には、**自然的作用による化学的変化により生成する化学物質**（元素を含む。）がイに該当するもの（自然的作用による化学的変化を生じにくいものに限る。）であること。

②　製造予定数量の届出等

（製造予定数量の届出等）

第三十五条　**第二種特定化学物質を製造し、若しくは輸入する者**又は政令で定める製品で第二種特定化学物質が使用されているもの（以下「**第二種特定化学物質使用製品**」という。）**を輸入する者**は、経済産業省令で定めるところにより、第二種特定化学物質又は第二種特定化学物質使用製品ごとに、**毎年度、当該第二種特定化学物質の製造予定数量若しくは輸入予定数量**又は当該**第二種特定化学物質使用製品の輸入予定数量**その他経済産業省令で定める事項を**経済産業大臣に届け出**なければならない。ただし、試験研究のため、第二種特定化学物質を製造し、若しくは輸入するとき、又は第二種特定化学物質使用製品を輸入するときは、この限りでない。

2　前項の規定による届出をした者は、同項の届出に係る事項に**変更**があつたときは、**遅滞なく**、その旨を**経済産業大臣に届け出**なければならない。

3　第一項の規定による届出をした者は、その**届出に係る製造予定数量
又は輸入予定数量**（前項の規定による変更の届出があつたときは、変
更後のもの）**を超えて製造し、又は輸入してはならない。**

6　第一項の規定による**届出をした者**は、経済産業省令で定めるところ
により、第二種特定化学物質又は第二種特定化学物質使用製品ごとに、
毎年度、前年度の製造数量又は輸入数量その他経済産業省令で定める
事項を**経済産業大臣に届け出**なければならない。

7　第二十四条第二項の規定は、第一項の政令について準用する。

③　表示

（表示等）

第三十七条

2　第二種特定化学物質等取扱事業者は、**第二種特定化学物質等を譲渡
し、又は提供**するときは、厚生労働省令、経済産業省令、環境省令で
定めるところにより、前項の規定により告示されたところに従つて**表
示**をしなければならない。

第二種特定化学物質の主な規制は、製造予定数量
の届出、表示です。

6　廃棄物の処理及び清掃に関する法律

(1) 目的

　廃棄物の処理及び清掃に関する法律（以下、廃掃法）の目的は、次のように定められています。

　（目的）

第一条　この法律は、**廃棄物の排出を抑制**し、及び**廃棄物の適正**な分別、保管、収集、運搬、再生、処分等の**処理**をし、並びに**生活環境を清潔**にすることにより、**生活環境の保全**及び**公衆衛生の向上**を図ることを目的とする。

---

(2) 廃棄物の定義

　廃棄物の定義は、廃掃法に次のように定められています。

　（定義）

第二条　この法律において「廃棄物」とは、**ごみ、粗大ごみ、燃え殻、汚泥、ふん尿、廃油、廃酸、廃アルカリ、動物の死体**その他の汚物又は不要物であつて、固形状又は液状のもの（放射性物質及びこれによつて汚染された物を除く。）をいう。

2　この法律において「一般廃棄物」とは、産業廃棄物以外の廃棄物をいう。

3　この法律において「**特別管理一般廃棄物**」とは、一般廃棄物のうち、**爆発性、毒性、感染性**その他の**人の健康又は生活環境に係る被害を生ずるおそれがある性状を有するもの**として政令で定めるものをいう。

4　この法律において「産業廃棄物」とは、次に掲げる廃棄物をいう。

　一　事業活動に伴つて生じた廃棄物のうち、燃え殻、汚泥、廃油、廃

酸、廃アルカリ、廃プラスチック類その他政令で定める廃棄物

二　輸入された廃棄物（前号に掲げる廃棄物、船舶及び航空機の航行に伴い生ずる廃棄物（政令で定めるものに限る。第十五条の四の五第一項において「航行廃棄物」という。）並びに本邦に入国する者が携帯する廃棄物（政令で定めるものに限る。同項において「携帯廃棄物」という。）を除く。）

5　この法律において「**特別管理産業廃棄物**」とは、**産業廃棄物**のうち、**爆発性、毒性、感染性**その他の**人の健康又は生活環境に係る被害を生ずるおそれがある性状を有するもの**として政令で定めるものをいう。

(3) 特別管理廃棄物

　前項の通り、廃棄物のうち、**爆発性、毒性、感染性**その他の人の**健康または生活環境に係る被害**を生ずるおそれがある性状を有するものとして政令で定めるものを、特別管理一般廃棄物、特別管理産業廃棄物といいます。特別管理一般廃棄物、特別管理産業廃棄物については、廃掃法施行令に、次のように定められています。

①　特別管理一般廃棄物

（特別管理一般廃棄物）

第一条　廃棄物の処理及び清掃に関する法律（以下「法」という。）第二条第三項（ダイオキシン類対策特別措置法（平成十一年法律第百五号）第二十四条第二項の規定により読み替えて適用する場合を含む。）の**政令で定める一般廃棄物**は、次のとおりとする。

特別管理一般廃棄物は、PCB 使用部品、廃水銀、ばいじん、燃え殻、汚泥、感染性一般廃棄物です。

②　特別管理産業廃棄物

（特別管理産業廃棄物）

第二条の四　法第二条第五項（ダイオキシン類対策特別措置法第二十四条第二項の規定により読み替えて適用する場合を含む。）の**政令で定める産業廃棄物**は、次のとおりとする。

　一　**廃油**（燃焼しにくいものとして環境省令で定めるものを除く。）

　二　**廃酸**（著しい腐食性を有するものとして環境省令で定める基準に適合するものに限る。）

　三　**廃アルカリ**（著しい腐食性を有するものとして環境省令で定める基準に適合するものに限る。）

　四　**感染性産業廃棄物**（別表第一の四の項の下欄に掲げる廃棄物（法第二条第四項第二号に掲げる廃棄物であるものに限る。）及び別表第二の下欄に掲げる廃棄物（国内において生じたものにあつては、同表の上欄に掲げる施設において生じたものに限る。）をいう。以下同じ。）

　五　**特定有害産業廃棄物**（次に掲げる廃棄物をいう。）

特定有害産業廃棄物は、廃 PCB 等、PCB 汚染物、PCB 処理物、廃水銀等、指定下水汚泥、鉱さい、廃石綿等、燃え殻、ばいじん、廃油、汚泥、廃酸または廃アルカリです。

（4）事業者の責務

事業者の責務について、廃掃法に次のように定められています。

（事業者の責務）

第三条　**事業者は、その事業活動に伴つて生じた廃棄物を自らの責任において適正に処理**しなければならない。

2　**事業者は、その事業活動に伴つて生じた廃棄物の再生利用**等を行うことにより**その減量に努める**とともに、物の製造、加工、販売等に際して、その製品、容器等が**廃棄物となつた場合における処理の困難性についてあらかじめ自ら評価**し、**適正な処理が困難にならないような製品、容器等の開発**を行うこと、その製品、容器等に係る**廃棄物の適正な処理の方法についての情報を提供**すること等により、その製品、容器等が**廃棄物となつた場合においてその適正な処理が困難になることのないようにしなければならない。**

3　事業者は、前二項に定めるもののほか、廃棄物の減量その他その適正な処理の確保等に関し**国及び地方公共団体の施策に協力**しなければならない。

事業者に対して、自らの責任での適正処理、再生利用による減量化に加え、適正処理が困難にならないような製品の開発等についても、責務が定められています。

7　電気設備に関する技術基準を定める省令

(1) 目的

電気設備に関する技術基準を定める省令は、序文に、電気事業法の規定に基づき定める旨、記述されています。

> **電気事業法**（昭和三十九年法律第百七十号）第三十九条第一項及び第五十六条第一項の規定に基づき、電気設備に関する技術基準を定める省令（昭和四十年通商産業省令第六十一号）の全部を改正する省令を次のように定める。

また、電気事業法の目的は、電気事業法に次のように定められています。

> （目的）
> 第一条　この法律は、**電気事業の運営を適正かつ合理的**ならしめることによつて、**電気の使用者の利益を保護**し、及び**電気事業の健全な発達**を図るとともに、**電気工作物の工事、維持及び運用を規制**することによつて、**公共の安全**を確保し、及び**環境の保全**を図ることを目的とする。

(2) 特殊場所における施設制限

電気設備に関する技術基準を定める省令では、特殊場所として、

- **粉じん**により絶縁性能等が劣化する危険のある場所
- **可燃性のガス**等により爆発する危険のある場所
- **腐食性のガス**等により絶縁性能等が劣化する危険のある場所
- **火薬**庫内

の電気設備の施設の制限が次のように定められています。

①　粉じんにより絶縁性能等が劣化する危険のある場所

（粉じんにより絶縁性能等が劣化することによる危険のある場所における施設）

第六十八条　粉じんの多い場所に施設する電気設備は、**粉じん**による当該電気設備の**絶縁性能又は導電性能が劣化**することに伴う**感電又は火災のおそれがないように施設**しなければならない。

「感電又は火災のおそれがないように施設」の具体的な技術要件については、「電気設備の技術基準の解釈」に記述されています。

②　可燃性のガス等により爆発する危険のある場所

（可燃性のガス等により爆発する危険のある場所における施設の禁止）

第六十九条　次の各号に掲げる場所に施設する電気設備は、通常の使用状態において、当該**電気設備が点火源となる爆発又は火災のおそれがないように施設**しなければならない。

一　**可燃性のガス又は引火性物質の蒸気**が存在し、点火源の存在により爆発するおそれがある場所

二　**粉じん**が存在し、点火源の存在により爆発するおそれがある場所

三　**火薬類**が存在する場所

四　**セルロイド、マッチ、石油**類その他の燃えやすい危険な物質を製造し、又は貯蔵する場所

「電気設備が点火源となる爆発又は火災のおそれがないように施設」の具体的要件の1つに防爆電気機器の適正使用があります。防爆とは、爆発を防止することをいいます。

③　腐食性のガス等により絶縁性能等が劣化する危険のある場所

（腐食性のガス等により絶縁性能等が劣化することによる危険のある場所における施設）

第七十条　**腐食性のガス又は溶液**の発散する場所（酸類、アルカリ類、塩素酸カリ、さらし粉、染料若しくは人造肥料の製造工場、銅、亜鉛等の製錬所、電気分銅所、電気めっき工場、開放形蓄電池を設置した蓄電池室又はこれらに類する場所をいう。）に施設する電気設備には、腐食性のガス又は溶液による当該電気設備の**絶縁性能又は導電性能が劣化**することに伴う**感電又は火災のおそれがないよう、予防措置**を講じなければならない。

④　火薬庫内

（火薬庫内における電気設備の施設の禁止）

第七十一条　**照明のための電気設備**（開閉器及び過電流遮断器を除く。）**以外の電気設備**は、第六十九条の規定にかかわらず、**火薬庫内には、施設してはならない**。ただし、容易に着火しないような措置が講じられている火薬類を保管する場所にあって、特別の事情がある場合は、この限りでない。

第6章のポイント

☐ 建築基準法は、建築物の敷地、構造、設備及び用途に関する最低の基準を定めて、国民の生命、健康及び財産の保護を図り、もって公共の福祉の増進に資することを目的としている。

☐ 政令で定める限度を超える数量の危険物の貯蔵場は、耐火建築物等とする必要がある。

☐ 政令で定める限度を超える数量の危険物の貯蔵場の建築は、原則、工業地域、工業専用地域に制限されている。

☐ 都市計画法は、都市計画の内容に関し必要な事項を定め、都市の健全な発展と秩序ある整備を図り、国土の均衡ある発展と公共の福祉の増進に寄与することを目的としている。

☐ ガス事業法には、ガス小売事業、一般ガス導管事業、特定ガス導管事業、ガス製造事業に対して、登録・許可・届出・ガス工作物の維持・保安規程・ガス主任技術者の選任・工事計画・使用前検査・定期自主検査などが定められている。

☐ 毒物及び劇物取締法は、毒物及び劇物について、保健衛生上の見地から必要な取締りを行うことを目的としている。

☐ 登録を受けた者でなければ、毒物または劇物の製造、輸入、販売してはならない。

☐ 毒物劇物営業者は、製造所、営業所、店舗ごとに、保健衛生上の危害防止のため毒物劇物取扱者を置き、30日以内に都道府県知事に届け出なければならない。

☐ 化学物質の審査及び製造等の規制に関する法律は、人の健康を損なうおそれ等がある化学物質による環境の汚染を防止するため、新規の化学物質の製造等の審査制度を設け、化学物質の製造、輸入、使用等について必要な規制を行うことを目的としている。

☐ 第一種特定化学物質とは、自然的作用による化学的変化を生じにくく、かつ、生物の体内に蓄積されやすく、継続的に摂取される場合には、人の健康を損なうおそれがある等の化学物質をいう。

☐ 第一種特定化学物質の主な規制は、製造・輸入の許可、輸入・使用の制限、届出、技術基準適合義務、表示、帳簿の備付・記載・保存、廃止の届出である。

☐ 第二種特定化学物質とは、相当広範な地域の環境において相当程度残留している等、人の健康または生活環境動植物に被害を生ずるおそれがあると認められる化学物質をいう。

☐ 第二種特定化学物質の主な規制は、製造予定数量の届出、表示である。

☐ 事業者は、その事業活動に伴って生じた廃棄物を自らの責任において適正に処理しなければならない。

☐ 可燃性のガス等により爆発する危険のある場所においては、電気設備が点火源となる爆発または火災のおそれがないように施設しなければならない。

索　引

著者略歴

石原　鉄郎（いしはら　てつろう）

建築設備士、建築物環境衛生管理技術者、電気主任技術者、電気工事士、施工管理技士「建築・管工事・電気工事・電気通信工事」、給水装置工事主任技術者、ボイラー技士、冷凍機械責任者、エネルギー管理士、労働安全コンサルタント、消防設備士、工事担任者、浄化槽設備士、危険物取扱者ほか、の有資格者。建築物環境衛生管理技術者、電気主任技術者、エネルギー管理士などの法定選任経験のある実務経験者。20年以上にわたるビル管理業務を経験した後、技術資格講師として独立。

ドライブシヤフト合同会社　代表
ミスター te 実務資格教習所 https://mister-te.com/

【著書】
「建築土木教科書 ビル管理士 出るとこだけ！　第2版」（翔泳社・2020年）
「はじめての人でもよく解る！　やさしく学べるビル管理の法律」（第一法規・2019年）
ほか多数。

【監修】
「赤シートと書き込みで重要項目を丸暗記！乙4類危険物取扱者試験」（ナツメ社・2015年）
「これで合格！　乙種第4類危険物取扱者　徹底攻略問題集　第2版」（新星出版社・2019年）
「マンガでわかる　乙種第4類危険物取扱者　攻略テキスト＆問題集　第2版」（新星出版社・2019年）

サービス・インフォメーション
────────── 通話無料 ──────

① 商品に関するご照会・お申込みのご依頼
　　　　　　TEL 0120 (203) 694／FAX 0120 (302) 640
② ご住所・ご名義等各種変更のご連絡
　　　　　　TEL 0120 (203) 696／FAX 0120 (202) 974
③ 請求・お支払いに関するご照会・ご要望
　　　　　　TEL 0120 (203) 695／FAX 0120 (202) 973

● フリーダイヤル（TEL）の受付時間は、土・日・祝日を除く
　9：00～17：30です。
● FAXは24時間受け付けておりますので、あわせてご利用ください。

はじめての人でもよく解る！
やさしく学べる危険物関係の法律

2021年1月5日　初版発行

著　者　石　原　鉄　郎

発行者　田　中　英　弥

発行所　第一法規株式会社
　　　　〒107-8560　東京都港区南青山2-11-17
　　　　ホームページ　https://www.daiichihoki.co.jp/

やさしく危険物　ISBN978-4-474-07228-2　C2033（0）